「灘→東大理Ⅲ」3兄弟の
母が教える中学受験勉強法

勉強机が４つ並ぶ！
これが「勉強を日常にする」
佐藤家のリビングだ！

勉強机は良質のナラ材を使ったしっかりした作り。写真の手前側には食卓用のこたつがある。「テーブルだと、子どもは足がぶらぶらして居心地が悪いもの。こたつなら寝ころんで勉強したり休んだりでき、リラックス効果抜群です。気分がノッてくると机に移動して勉強します」（著者）。

➡くわしくは224ページ

カレンダーは１人に
２か月分貼る

カレンダーは机の上方に２か月分貼っておく。次の月の予定がわかることで気持ちと勉強の準備ができる。

➡くわしくは 79 ページ

キッチンタイマーを
使って集中力アップ！

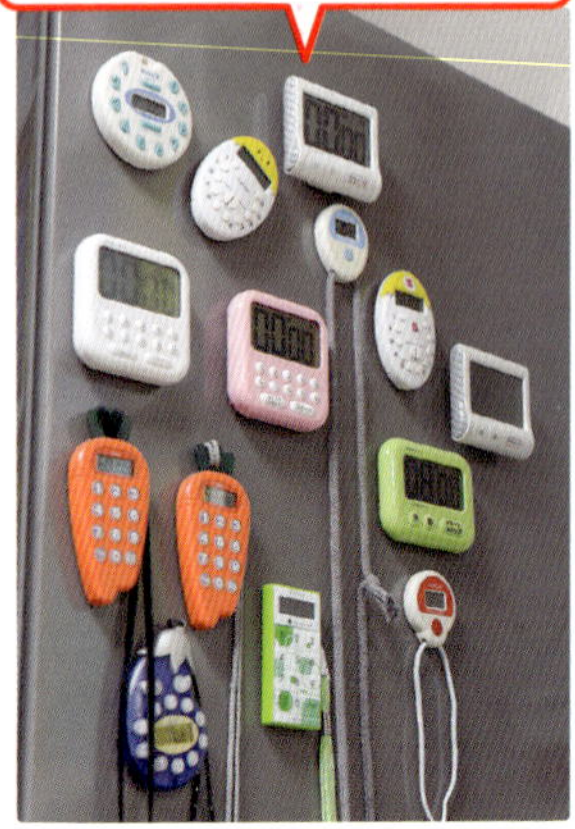

冷蔵庫に張り付けられたタイマー。それぞれにお気に入りのタイマーがあり、気分によって使い分けることも。

➡くわしくは 79 ページ

大量の教材整理には 100 均の
ケース。探す時間をゼロにして、
イライラ解消！

（写真左）教科別にケースを作りシールを貼って勉強机の棚に並べる。こうすると勉強を始める時に教材を探さずに済む。親が怒る時間もゼロ！　（写真下）大学受験の際にも大活躍。

➡くわしくは 106 ページ

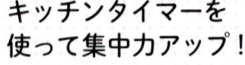

これが佐藤ママの算数「特製ノート」

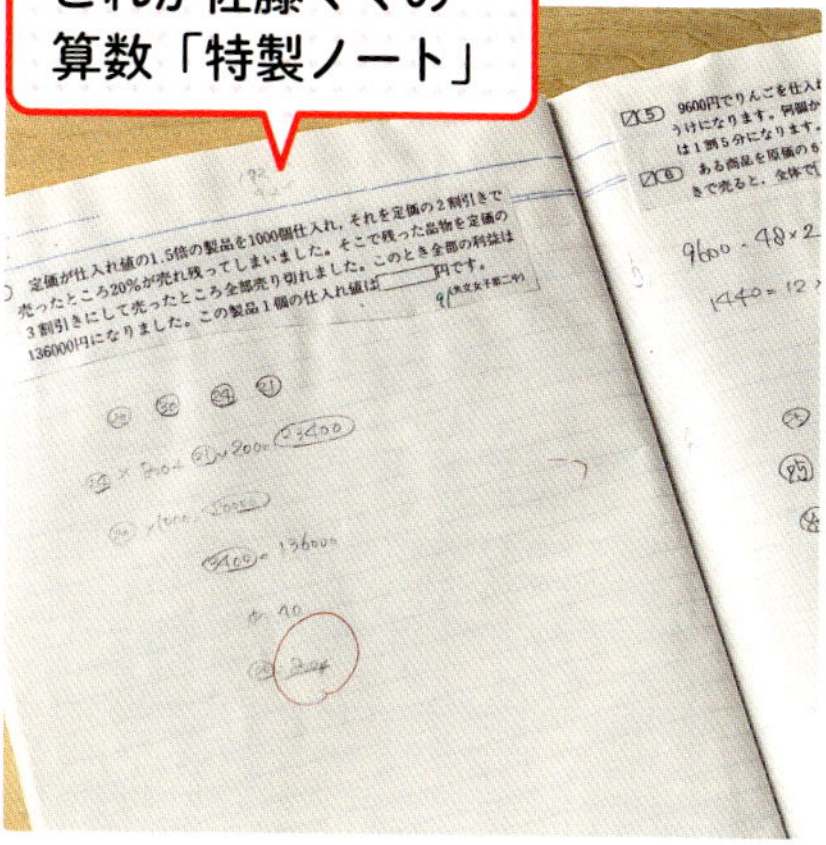

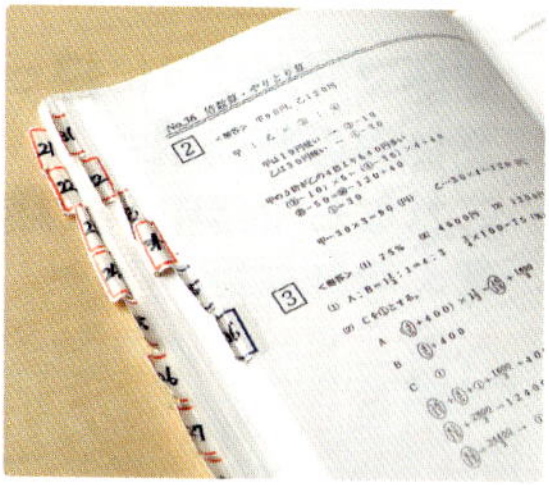

（写真左）ノートの上側に、コピーした問題文を貼る。その下は広々としたスペース。（写真上）テキストには単元ごとにインデックスシールを貼る。

➡くわしくは 133 ページ

暗記力をアップする母特製「必殺ノート」

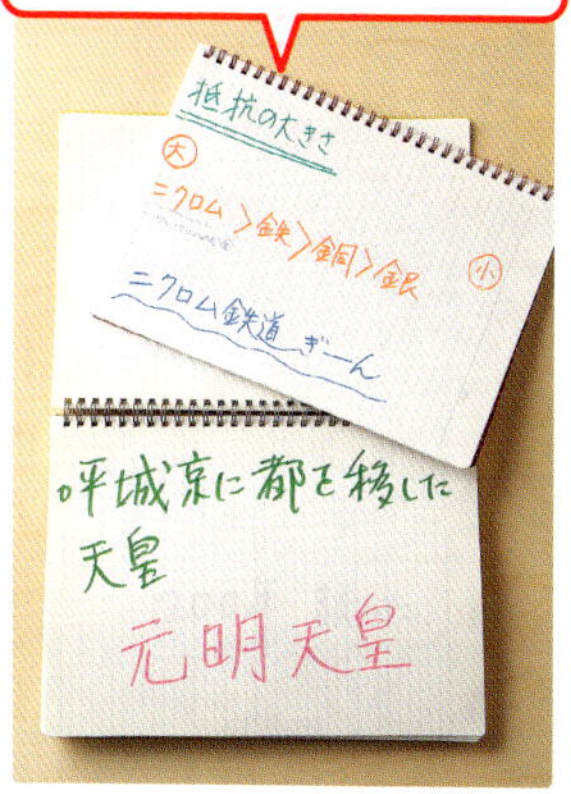

社会や理科の間違えた問題と答えを、色あざやかに記入する。子どもが食事をしている時にめくりながら見せて、暗記科目を攻略！

➡くわしくは 151 ページ

少しの手間が子どもをラクにする！

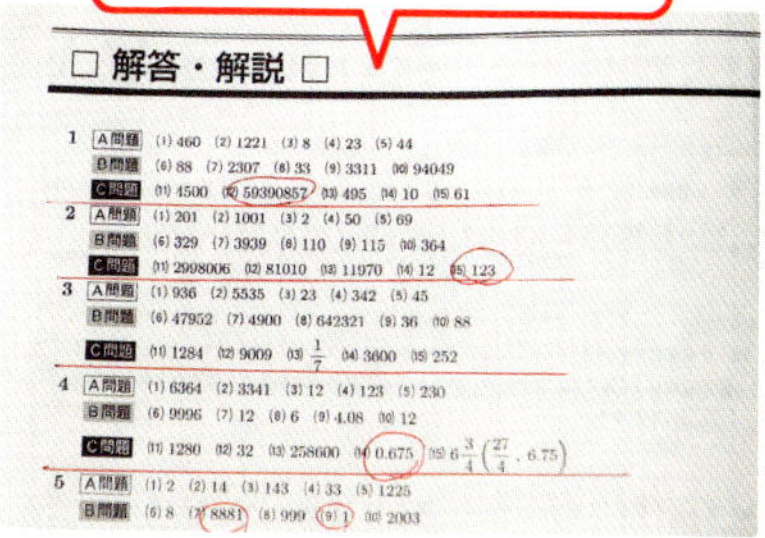

問題集の「答えのページ」は、単元ごとに線で区切れば時間短縮効果あり。

➡くわしくは 137 ページ

塾の宿題には、行うべき日付を記入。

➡くわしくは 78 ページ

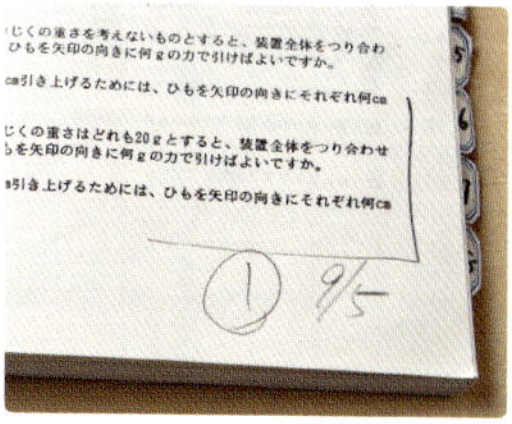

はじめに

私には三男一女の4人の子どもがいます。

上の長男、次男、三男が灘中学校、灘高等学校（兵庫県神戸市）から東京大学理科Ⅲ類（医学部）に合格したことからお話をいただき、2014年12月に『「灘→東大理Ⅲ」の3兄弟を育てた母の秀才の育て方』を出版しました。

私の子育ての方法と受験生の母としての体験をありのままに書いたのですが、思いもよらない反響があり、一主婦の私が講演会に呼ばれたり、メディアの取材を受けたりするようになりました。

本は東京大学の生協でも売れていると聞きましたし、息子が、お世話になっている東大の先生から、「お母さんの本を読んだよ。小学校の時はどんなふうに勉強したの？うちの参考にしたいから教えてくれる？」と質問していただいたと聞き、ありがたく思いました。

講演会の後の質疑応答では、来ていただいた方から、お子様の勉強のことについて細かい質問を受けます。

取材に来た記者の方からインタビューの終わりに、「うちの子、算数が苦手なんですがどうしたらいいですか」と相談されたりもしました。

立場は違っても、親が子どもを思う気持ちは同じなんだなと実感しました。わが子の可能性をなんとかして伸ばしてあげたいと熱心に思っていらっしゃることがわかり、これからも私なりに発言していこうと勇気をいただきました。

その中で特に多いのが中学受験に関する質問です。

中学受験の勉強をするのは10〜12歳で、まだ子どもです。

高校・大学受験に比べて成長途中での受験になるため、睡眠時間や休憩時間を確保するなど健康面での心配りが大事です。

まだ小さいので、大学受験では可能な先取り学習ができず、短い期間内で、新しく習う内容を理解すると同時に受験レベルまでもっていく必要があるなど「特殊な受験」と言われています。

情報を集めたり、学習時間を確保したり、生活全体を見守ったりと、保護者のする

べきことが多いため「中学受験は親の受験」とも言われるようです。

たいへんなことも多いと思いますが、子どもに必要以上に苦しい思いをさせたり、精神的に追いつめたりしてはいけません。ラクに楽しくできる方法を工夫して、親も子どもと一緒に勉強して、合格を目指していただきたいと思います。焦らず、課題を一つ一つこなし、少しずつ成長すれば、必ず「合格」が見えてきます。

この本では私が子どもたちにしてきた私立中学受験の勉強法を中心に述べています。教育評論家の方や塾の先生が著した本とは違う視点で、現場にいた母親の立場で書きました。**子どもたちが効率よく楽しく勉強でき、睡眠時間をきちんと多く取れるように試行錯誤した「あの手この手」を紹介しています。**

私自身、中学受験の経験がないため、長男の時は手探りで始めましたが、次男、三男となると「ここまできたら大丈夫」という合格ラインが体感できるようになり、コツがつかめてきました。

受験は、「ラクに楽しく、そして絶対に合格する」のがポイントです。

塾選びから受験前日までにすること、教科別の勉強法や毎日の時間割作り、志望校選択のポイント、ノートの作り方やおすすめの補助教材まで、かなり細かい部分まで、私が子どもたちと築いてきた4人分のノウハウを大公開しています。

「テキストにインデックスをつけ、間違えた問題の答えに印をつける」というようなことを手助けしてあげるだけで点数はハネ上がります。

人生はよく旅にたとえられますが、受験も旅に似ています。1人で旅をするよりも一緒に歩いていってくれる人がいた方が支え合っていけるし楽しいものです。親が子どもの絶対的な頼りになる支えとなり、お子様の手をしっかり握って歩いて行っていただきたいと思います。

本書では、中学受験だけでなく、まだ小さいお子さんを持つ方にも参考になるように0歳から受験勉強が始まる前までの学習法も紹介しています。幼児期・小学校低学年の時期には、遊んだり、家族との生活を楽しんだりしながら、1日10〜20分の学習を積み上げるだけで、子どもの学力は伸びていきます。皆様の参考になれば幸いです。

2016年2月

佐藤亮子

佐藤家のプロフィール

パパ

忙しく働き、子どもたちの受験期はリビングにテレビがないことを嘆きつつ、空いている場所でビールを飲むことを楽しみにしていた優しい性格。

ママ

主婦。明朗快活で、なんといっても子どもたちのことが大好きな情熱家。B'zのファンで子どもたちとコンサートに行くのを楽しみにしている。

長男

冷静で堅実。きょうだいから「彼が長男でよかった」と言われ信頼されている。灘中学から大学までサッカー部。大学受験では現役時に不合格になり、周囲から「まさかの大番狂わせ」と言われる。予備校では手を抜かず勉強を続け、翌年、東京大学理科Ⅲ類（医学部、以下「東大理Ⅲ」）に合格。

次男

長男と年子。明るく話し好き。灘高時代、同級生と漫才コンビを組んでM

－1グランプリに出場。1回戦で敗退するも足跡を残す。大学受験では夏にペースダウンするが、母から「ここで人生懸けなくてどうする」と励まされ東大理Ⅲに現役合格。大学では野球同好会所属。

三男

次男の2歳下。マイペースでこだわる性格。中学時代は卓球部。中学受験では母の過去問徹底反復法と、キッチンタイマーを使った集中力養成法で灘中学に合格する。3人目になると母も合格ラインが実感できているので「これだけできたら大丈夫」と太鼓判を押し、東大理Ⅲに現役合格。

長女

三男の4歳下。高校生。素直で真面目。理数系が得意。ピアノに熱中したり、シャンプーや文房具に凝るなど生活を楽しみ、母に「女子の受験は男子とは違う」と実感させている。

佐藤家4きょうだいの年表

	長男	次男	三男	長女
1991年	誕生			
1992年				
1993年	公文に通い始める	誕生		
1994年	バイオリンを始める	公文に通い始める		
1995年	スイミングを始める	バイオリンを始める	誕生	
1996年		スイミングを始める	公文に通い始める	
1997年			バイオリンを始める	
1998年	小学校入学		スイミングを始める	誕生
1999年		小学校入学		公文に通い始める
2000年				
2001年	浜学園に通い始める		小学校入学	バイオリンを始める
2002年		浜学園に通い始める		スイミングを始める
2003年				
2004年	灘中合格			
2005年		灘中合格	浜学園に通い始める	
2006年				小学校入学、ピアノを始める
2007年			灘中合格	浜学園に通い始める
2008年				
2009年				
2010年	東大後期理Ⅰ合格			
2011年	東大理Ⅲ合格	東大理Ⅲ合格		私立中学合格
2012年				
2013年			東大理Ⅲ合格	

「灘→東大理Ⅲ」3兄弟の母が教える中学受験勉強法　目次

第4章 科目別 成績を上げる方法

第5章 入試本番までの目標設定と時間割

第8章 受験に勝つための小学校低学年の習慣……217

編集協力／今津朋子
装丁・本文デザイン／ISSHIKI
撮影／北川真由美
図版／株式会社ウエイド（原田鎮郎）

第1章

中学受験のメリット

私立中の志望理由

中高一貫ならムダなく学べる

私が子どもを中高一貫の私立校に進んでほしいと思った理由は2つあります。

1つは中高一貫という教育システムに魅力を感じたことです。

私は結婚する前に2年間、大分県の私立高校で英語の教師をしていました。当時の公立中学校では3年間で必修英単語がaやtheを入れても900語（現在は1200語）、文法もたいへん易しいものでした。

しかし、高校に進学した途端に必修単語は約2000語にハネ上がります。抽象的な単語が頻出し、文法も難しくなります。学習内容についていけない生徒が増え、成績がガクッと落ちて英語嫌いが急増するのを目《ま》の当たりにしました。

たとえば、仮定法は高校英文法の難所ですが、テキストの例文にとても難しい単語が使われていました。文法自体がただでさえ難しいのに、同時に難解で初めて見る英単語を辞書で引いて暗記する必要があり、生徒の重荷になっていました。

私は例文の単語を中学で習うレベルの簡単な単語に置き換えて教えました。こうすると仮定法の理屈だけ理解すればいいのでラクに習得できます。

「どうして頭の柔らかな中学時代に多くの単語を教えないのだろう。中学の分量を増やし高校のカリキュラムを減らしたらラクに習得できるのに」

と私はずっと不満でした。

英語は違う文化や歴史を持った人とコミュニケーションできる手段です。

本来楽しいものなのに、中学と高校でカリキュラムが分断されているために、生徒が苦しむのはかわいそうだと思いました。

その点、中高一貫の学校は６年間継続してバランスがよく学べるカリキュラムができていて、合理的だと感じたのです。

塾通いのきっかけは、小学校の不足部分を補足するため

小学校の勉強で、国語や算数は6年間通して流れが見えるのですが、社会や理科は項目がたくさんあり散発的で全体が見えず、しかも学習量が不足しているのではないかと感じたことがありました。

たとえば理科なら、「各季節の星座」、「光合成のしくみ」など、社会なら「都道府県と県庁所在地名」、「日本史の事件や人物名と主な年号」は中学受験をするしないにかかわらず、社会に出た時の常識としてしっかり覚えておきたい知識です。

小学校の授業だけでは、子どもたちの記憶に定着するのがなかなか難しかったように感じました。

人は読んだだけ、聞いただけでは物事を覚えられません。集中して覚え、テストを受けて初めて知識として定着します。その辺が今ひとつ物足りない感じがしました。

社会や理科の知識を定着するために、私は塾がいいのではないかと思いました。

わが家の最寄り駅から2つ先の駅前に関西一円に展開している大手塾の「浜学園」の教室がありました。知人に聞くと、熱心だと教えてくれましたので長男をそこに通わせることにしたのです。小学校４年生で週2回の通塾を始めました（以降、本書で「塾」とあるのはすべて「浜学園」のことです）。

長男には「うちは中学受験を考えていないから、いやだったらすぐにやめていいわよ」とはじめに言っておきました。

忘れもしない初日。「どんな顔で帰ってくるのだろう？　9時半の帰宅なんて疲れていたらかわいそうだな」と思って待っていました。でも帰ってきた長男は、**「楽しい楽しい。算数の問題がおもしろい」と言ってにこにこしていました。**

塾で出た問題を楽しそうに解説する長男を見ながら、「楽しいなら、まあいいか」と思いましたが、一方で「困ったな」とも思いました。長男が楽しいと言えば、次男も三男も「僕も行く」、「僕も」と言いだすのは目に見えているからです。それは現実になりました。わが家の塾通いはこのようにして始まり、以後4人、約10年間続く私の「中学受験生の母の生活」のスタートになりました。

中学受験のトラブルのほとんどは親が原因

受験の実態

進学塾に通いだす頃に周囲で中学受験の話題が出るようになりました。

中学受験にはネガティブなイメージもあります。

「小さい子どもが夜遅くまで勉強ばかりさせられていて、心を病んでしまう子もいるらしい」という噂も聞きました。

今でもそうですが、中学受験はメディア等で否定的にとらえられることが圧倒的に多いのです。

スポーツの分野で親が子どもに厳しい特訓を重ねてオリンピック選手やプロのアスリートに育てた話は美談として語られるのに、親が子どもに勉強させて難関大学に入学させても感心されないどころかバッシングされるのは実に不思議に思っていました。

「中学受験の実態は一体どのような感じなのだろう」と思い、私は中学受験の体験談や教育論などいろいろな本を買ってきて読みました。

その結果、**中学受験で子どもがやる気をなくしたり、ストレスで体調を崩したりする原因のほとんどは、親にあるとわかりました。**

親が子どもの資質や性格を無視して受験させたり、ブランド本位で学校を決めたり、感情的になって子どもを叱ったりすることがトラブルになっているのです。親の価値観が先に立っていて子ども自身を見ていないことから起きる悲劇です。

「親が東大だから子どもも東大に行かせたい」とか、

「うちは代々、○○中学と決まっている」

などと、大人の勝手で志望校を決めさせられる場合もあると聞きました。

「中学受験の問題が親の価値観で起きるならそれらを排除したらいい」

「それぞれの子どもにとって一番いい進路は何なのかを〝子ども本位〟で考えたら問題は起きない」

このようなことに注意すれば、中学受験をしても大丈夫だと確信しました。

やはり、親の見栄から子どもに勉強を強いて受験勉強をさせると、途中で挫折することが多いようです。子どもは親を本能的に見ているので、親のために勉強させられていると悟った途端にやる気をなくし勉強しなくなるという話はよく耳にしました。

これまで私が出した本のタイトルに「灘から東大理Ⅲ」と銘打ってあるのでよく誤解されるのですが、私は、人間の価値は、その人の地位や職業とは関係ないと考えて生きてきました。

ただ、その子の持っている能力を最大限に生かしてあげるように育てたいと思いました。中学受験もそのような気持ちを大事にして出した結果です。

受験の実態

中学受験は鉛筆1本の美しい勝負

中学受験が未知の世界だった私は、中学受験がどんなものなのか見学したいと思いました。

そこで灘中学の入試の朝、私1人で校門まで見学に行きました（現在は混雑緩和と受験生の安全のために、受験生とその保護者以外の入試時の来校は、「遠慮してほしい」とのことのようです）。

1月中旬の早朝、受験開始前の校門の近くに立っていると、受験生たちが塾の先生に励まされながら次々に学校内に入っていきます。やがて、時間が来て校門が私の目の前でガシャンと閉まりました。

一度、門が閉まってしまったら、親や先生たちがどんなに応援しても頼れるのは自分だけ。たった1人で受験という勝負に立ち向かうのです。私はなんだか感動して涙が出てきました。

12年間の集大成として中学受験があります。それまで受験に関してはそんなに熱心な気持ちは持っていなかったのですが、その時初めて、「中学受験ってカッコイイ！」と思いました。それで前向きに取り組もうと決心したのです。

中学受験では受験勉強を通して人生の基盤になる知識や思考力がつちかわれます。1分1秒もおろそかにしないで目標と決めた場所に向かって必死で立ち向かっていく日々から、かけがえのないものが得られます。ただ鉛筆1本で勝負する美しい世界。たとえ不合格になっても得難い体験ができると感じました。

後に長男が6年生になり、大阪や兵庫で行われる浜学園の模擬試験について行った時も、子どもたちは実に真剣で、その姿に感動しました。

次第に中学受験に対して持っていた偏見が消え、「子どもたちが一生懸命勉強する中学受験っていいなあ」と思い、中学受験を決意したのです。

10代こそいい学習環境に置くべき

中学受験の意味

中学受験をするのは6年後の大学受験に有利だからという人がいます。確かに難関大学や医学部の合格者のうち、私立の中高一貫校の生徒が占める割合が高いのはデータとして出ているので間違いないでしょう。しかし、私はいわゆるいい大学に入るためだけに、中学受験をするのは少し違うと思います。

どんな世の中になっても実力は大事です。社会人としていい仕事をするには、基礎知識や思考力は不可欠です。さまざまな実力の土台をつくるために、**納得のいく環境の学校で学ぶことは大事なことです。**

最近の大学入試では推薦入学やＡＯ入試など試験の形が多様化し、試験科目を減らす大学もあり、大学入試の門が広くなる傾向にあると言われています。難易度が高かった大学でも比較的手が届きやすくなり、いわゆるいい大学に入るのに有利という理由で、難関中学を受験して勉強する必要が減っているという声もあるようです。

ですが、「適当にやっていても今はまずまずのブランドのある大学に入れるから勉強しないでいい」というのは残念な考え方です。

社会に出てどんな仕事についたとしても、「思考力」、「勉強する習慣」、「知識」などは大切で、それには頭が柔らかく吸収しやすい10代のうちに身につけるのが効率的です。

もちろん、大人になっても勉強はできるかもしれませんが、社会人になってからでは集中的に勉強することはやはり難しいものです。

親元にいる恵まれた環境の中で、集中して勉強できることは、人生を生きていく上でかなり有利になります。

中学受験の適性

コツコツ型の子は、大学受験で勝負するのもあり

中学受験で得るものは多いものの、子どもの性格によっては向いていない子がいるのも事実です。

小学校でいい成績が取れる子もいれば、中学生や高校生になってから伸びていい成績を取る子もいます。

中学受験で点の取れる子は「早い時期に勉強する姿勢が身についた集中して勉強できる子」です。

また、国語の読解問題では、物事を深く考えさせる問題が出るので、「精神年齢が高い大人っぽい子」が有利ですし、算数の文章題や図形の問題では直感が必要な問題も出るので「頭のヒラメキ」が必要です。

それに対して大学受験は12歳から18歳まで６年間、コツコツ努力できる子なら必ず

成果が出ます。

小学生はまだ子どもですから、性格的におっとりした子は中学受験の勉強ではなかなか点数が取れないことがあります。

「うちの子にはちょっとムリかな？」と思ったら中学受験はせずに、公立中学に進学して高校受験、大学受験でがんばるのもいい方法だと思います。

その代わり、親は子どもの学力に注意を払い、適宜、塾や予備校も利用しながらそれなりの学力を保っておく必要があります。

また、中学受験しなくても塾に通うことはムダではありません。

進学塾に通っていても受験せずに公立中学に行くと決めている子どももたくさんいて、塾で勉強していたおかげで中学入学後の成績が良好だとも聞きます。

勉強したことは決してムダにはならないものです。

受験の決断

私立中か、受験せず公立中かは、子どもと話し合って決めるべき

子どもを1人の人間として尊重することは子育ての基本です。

子どもの進路はある程度は親が方針を立てていいと思いますが、**必ず子どもに丁寧に説明し、子どもの意見を聞いてお互いに納得がいく方向を見つけてください。**

小学校4年生になる前頃から、

「中学校にはこのような学校があって、違いは……」とか、

「親としては受験を考えているが、塾に通うことをどう思うか」

など、きちんと説明して話し合いましょう。

小学校4年生にもなると、小学校で周囲の友だちから受験や塾の情報も耳にすることもあるようです。「受験したい」、「友だちと一緒に塾に行きたい」、「友だちと一緒に地元の中学に行きたい」など、子どもなりに希望を持っていることがあるので聞いておくことが大事です。

中学受験は親がカギを握る受験

親と受験

中学受験は特殊な受験と言われています。それは高校受験が15歳、大学受験が18歳とある程度成長した年齢で受けるのに対し、中学受験はまだ12歳という成長過程の早い段階で受けるからです。

10歳（小学校４年生）から塾に通う場合、子どもは睡眠時間を確保したい年頃なので、健康面を考えるとそう無理はできません。

塾の送り迎えや食事時間、宿題の管理、模擬試験のつきそいなどが必要で、そのため家族の生活も激変します。

子どもの性格的な部分も影響します。

大学受験ではおっとりした性格の子でも、自分の意志でがんばれますが、中学受験では子どもはまだ〝素〟のまま。おっとりタイプの子を激励しても猪突猛進型に変えることは難しいのです。

学習面でも無理が利きません。

大学受験の場合、進学校では高校2年生で高校3年生までの課程を学習して、3年生では実戦に向け習った内容を仕上げていきます。

しかし中学受験ではまだ子どもが小さいので、6年生の内容を5年生に前倒しして学習することは、どうしても負担が大きくなります。

たとえば、小学校では6年生で習う速さの文章題は、塾では5年生から学習することが多いと思います。新しく習いながら短期間で受験レベルまで引き上げていくのはたいへんなことで、親が子どもの進度をしっかりと見守る必要があります。

このように生活面、学習面の両方で親の支えが必要になります。中学受験が〝親がカギを握る受験〟とも言われるのはこのためです。

「受験で親の生活も変わる」と覚悟する

親と受験

中学受験生のいる家では親の生活も激変します。特にわが家は子どもが4人いて次々に受験したのでたいへんでした。

ピークだったのが長男6年生、次男5年生、三男3年生、長女が幼稚園年中という年でした。

朝6時に起きてご飯を食べさせて子どもたちを登校させ、午前中は家事と子どもたちの勉強の準備。午後は夕食の準備をして小学校の門の前まで長男を迎えに行き、着替えさせて車の中でご飯を食べさせ、次男を駅前で車に乗せて中で食べさせて……。その間、長女はずっと車に乗っていたこともありました。送迎バスにずっと乗っている感じです。いつ寝てもいいように毛布やぬいぐるみを車に積んで走り回っていたので、長女は「あの頃、私は車の中で生きていた」と言っています。

私も、塾から帰る子を駅で待つ束の間の時間に、車内で寝ていたこともあります。

「駅前に佐藤さんの車が止まっていたから声をかけようと覗いたら、熟睡していたから遠慮したわ」とママ友から言われ苦笑したこともありました。

私は子どもより先に寝ない主義なので睡眠時間も少なめでした。ある日、午前4時半まで用事があって寝られず徹夜したことがありましたが、さすがに「完徹」は大人になってからはつらく、二度としないようにしました。

美容院に行く時間もなく、ある日、ママ友から「佐藤さん！　十二単衣を着られるぐらいに髪が伸びているわよ」と指摘されて後ろを見ると超ロングヘアでした。「そういえば最近、髪の毛を洗うのがたいへんだった」と気がついて美容院に急いだこともありました。

しかし、このような生活も次第に慣れてくるものです。

3人目、4人目ともなると、どのレベルまで到達したら合格するのかが実感としてわかってきました。半面、個性は一人ひとり違うので子育てや、勉強の方法を変えなければいけない場合もありました。

親子で、受験を楽しむ工夫をしていただければと思います。

佐藤ママのスケジュール①

長男6年生　平日
(長男小6、次男小5、三男小3、長女年中)

午前

0:30 母寝る

6:00 母起きる

朝食、子どもの学校の用意

7:00 子どもを起こす

朝食を食べさせて用意させて、上の子ども3人を送り出す

7:30

母の用意をして、娘をバス、徒歩で幼稚園に連れて行く

8:30 登園

この間、家に帰ったり帰らなかったりしました
帰ったら家事。帰らない時は、近くのミスド等で浜学園のノートなどを整理したり作ったりしていました

11:30 降園

午後

娘を幼稚園に迎えに行ったあと、ゆっくりとバス、徒歩で帰る

1:00 帰宅

娘と昼食

2:00

長男、次男が浜学園に行く前に食べさせるお弁当作り

3:30 車に娘を乗せて家を出る(学校前で長男を乗せ、浜学園の近くの駅で次男、三男を乗せ、車の中で食事、着替えをさせて、長男と次男を浜学園に行かせる)

4:30

車で家に帰る

5:30

三男、娘の夕食、お風呂。残りの家事

10:00

長男と次男が浜学園から帰ってくるので夕食(軽いもの)を食べさせる

11:00

浜学園の宿題を見る

11:30 全員を寝かせる

次の日の用意をする

0:30 母寝る

佐藤ママのスケジュール②

長男6年生　夏休み

区分	時刻	内容
午前	0:30	母寝る
	6:00	母起きる
		準備、朝食、塾用弁当作り
	7:00	浜学園に行く長男を起こす
		朝食を食べさせて用意させる
	8:30	家を出て浜学園へ送る（これは残りの3人が寝ているのでお父さんの役目）
	9:00	次男、三男、娘に朝食
		洗濯、掃除、その他の家事
午後	12:00	
		次男、三男、娘に昼食
	1:00	次男を浜学園の夏期講習、平常授業に送る
		三男と娘の公文、バイオリンを見る その後、長男、次男の浜学園の教材の補助になるものを作る
	5:00	
		夕食の準備、夕食を食べさせる（三男、娘）
	7:00	
		教材作り。三男と娘の相手。お風呂
	10:00	長男、次男が浜学園から帰ってくる
		軽く食べさせて、宿題をさせる
	11:00	子どもたちを寝かせる
		明日の用意
	0:30	母寝る

佐藤ママのスケジュール③

三男6年生　平日
（長男中3、次男中2、三男小6、長女小2）

午前

1:00　母寝る
（しばしば1:30になることもあり、2:00を越すと次の日がつらいので、遅くても2:00前には寝るように努力しました）

5:00　母起きる
お弁当（灘用）を2つ作って長男、次男を起こして用意させる

6:10　長男、次男は夫の車で近鉄奈良駅へ
三男、娘用に準備

7:00　三男、娘を起こす
三男、娘に用意させる

7:30　三男、娘家を出る
（これは夫が車で送ります）

（この時期は娘の下校も2:00くらいなので、午前中は比較的ゆっくりできます）

午後

12:00
この時間は三男のために、ひたすら教材作り
三男の浜学園用の塾前のお弁当作り

2:00　娘を迎えに行って、そのまま車で浜学園の近くの駅で三男を待つ
車の中で三男に食べさせ、着替えさせて浜学園に送り出す
（この時期、娘は車の中に住んでいるという感じでした
週1回娘のピアノがありました（基本的には三男を浜学園に送り出したあと））

4:30　車で家に帰る

5:30　長男、次男が次々に灘から帰ってくるので
近鉄奈良駅まで車で迎えに行く
（この間、ピストン輸送のように車で駅と家とを往復していました）

7:00　夕食を作って食べさせる

8:00　家事の残りをする

10:00

10:30　三男が浜学園から帰ってくる
三男に夕食を食べさせて、すぐ宿題の手伝い

0:30　三男は寝る
母は明日の用意

1:00　母寝る

佐藤ママのスケジュール④

三男6年生　夏休み

午前

1:00　母寝る

長期休み（夏、冬、春）は、灘用のお弁当がないので、少し遅く起きられます

6:00　母起きる

朝の準備、三男の浜学園用のお弁当を作る

7:30　三男を起こす

8:30　家を出て浜学園に連れて行く

車で夫が連れて行きます

9:00

三男はずっと浜学園

この間、長男次男は部活で灘に行っている
娘も浜学園に入っているので、夏期講習もあり

途中、長男次男の近鉄奈良駅までの送迎。娘を浜学園に連れて行く
その合間に、塾の宿題（娘の）チェック
三男の教材の手直し・作製
その間に、台所仕事、洗濯、片付けをする

まとめてはできないので、食器を全部洗ったりはしません
流しにあるものを3分の1洗って、あと何時間かしたら
また次の3分の1を洗うというように
すべての家事は分割します

午後

途中、帰ってきた順番に、夕食を食べさせる

10:00

三男につきっきりで浜学園の宿題などを仕上げる

0:30　三男寝る

母は明日の用意

1:00　母寝る

第2章

塾の選び方、つきあい方

塾は4年生から入るのがベスト

入塾時期

「塾はいつから行くのがいいですか」と聞かれると「わが家の男の子3人は、4年生から行きました」とお答えしています。

塾の新学期は2月ですから、小学校の学年で言うと**3年生の2月にスタートです。**

4年生の途中からだとまあまあついていけますが、5年生からだと追いつくのにたいへんなのでかなりの覚悟が必要です。合格するために必要な勉強量は決まっているのですから、それを3年間でするか2年間でするかを考えたら、早めにスタートした方が余裕を持って臨めます。最近は3年生から通うケースも増えているそうです。

「うちの子は塾の勉強についていけるか心配なので様子を見ている」という保護者の方がいますが、一度受験をすると決めたら、おっとりした性格の子、体力に自信がない子ほど早めに始めると、ゆっくりしたペースで進むことができてラクです。

するべき勉強を残らず悔いなくやりきるには、時間をかけるしかありません。

早生まれの子は前倒しで始める

入塾時期

中学受験時は11～12歳。3月生まれの子と4月生まれの子で、約1年間の差が受験に影響するのではないかと心配する保護者の方もいるようです。

私は生まれた月は気にする必要はないと思います。そもそも3月生まれと4月生まれを比較するのは極端な話です。

それにたとえば、12月生まれの子どものお母さんは悩まず、1月生まれのお母さんは早生まれを悩むというのはおかしな話です。

わが家も次男が3月生まれ、三男が2月生まれと早生まれでしたので、最初は気にしましたが、そう影響はなくほっとしました。

たとえ、早生まれだからハンディがあると思っても、もう産んでしまったのですからしかたがありません。そこは悩まずに対策を考えましょう。

もし、**3月生まれで不利と感じるなら、塾に入るのを前倒しにして時間をかけて勉**

小3の塾のカリキュラム例

月	火	水	木	金	土	日
		17:05 算数 18:55		17:05 国語 18:55		

小3は2回の通塾のケースが多い

強すればいいのです。「まだ成長していないから始めるのを遅らせる」のではなく、「早める」のです。

これはわが家の長女の小学校3年生の塾のカリキュラムですが、浜学園の3年生は週に2回の通塾でした。

受験勉強も早めにスタートさせ、徐々に慣れさせていくと早生まれのハンディも気になりません。

塾は雰囲気と、入試情報の量で選ぶ

塾選びのコツ

中学受験では塾選びが大事です。私は関西一円を中心に愛知、岡山に教室がある「浜学園」（兵庫県西宮市）を選びました（東京・横浜には駿台・浜学園があります）。

塾のカリキュラムは学年で進んでいくので、どの塾もそう違いはありません。**「塾の受付の雰囲気」、「先生方が生徒の立場をよく考えてくださるか」、「面談の制度が整っているか」などをよく考えて選ぶといいと思います。**

前章で、灘中学の入試日に見学に行って感動して涙が出たと述べました。実はその時、ふと横を見ると浜学園の先生が私と同じようにうるうると涙ぐんでいました。子どものことを親身になってくださっていることを実感し、この塾に預けたのは間違いなかったと確信しました。

個人塾を選ぶ方もいるようです。個人塾は塾長の個性が反映されていて、「この学校にはこの個人塾」と中学ごとに実績を持つ塾があるので、最初から志望校が確定しているなら行く選択をしてもいいと思います。

大手塾はたくさんの中学の傾向に精通しているので、解答テクニックを教えてくれるのもいい点です。たとえば算数の解答欄にあらかじめ、㎞、gなどの単位が書いてある学校と、書いてない学校があります。書いてない場合に単位を記入し忘れると致命的。出した答えを、書いてある単位に換算して記入する必要もあります。入試直前にそのような学校ごとの解答テクニックを念押ししてくれます。

雰囲気もポイントです。

難関校を想定して大量の宿題を出して勉強させる塾に入って、ついていけなくなる場合もあります。テストのたびに、成績順に席を移動させる塾もあると聞きました。同じレベルの子を集めると教えやすく学びやすいのでクラス分けは必要ですが、毎回成績順に席が変わるのでは下位の子はやる気をなくしてしまい、伸びる子でも伸びにくくしてしまうかもしれません。めげないタイプの子には適している場合もあるので、雰囲気を感じるために見学することをおすすめします。

塾の教材は親が確認すべき

塾選びのコツ

良い塾は必ずいいテキストを作っています。**良い塾かどうかはテキストを見て判断できます。**

実はどんな教材にも愛が必要なのです。愛がある教材とは、「基礎問題」から「応用問題」へと移る時に作り手の気持ちが入り、段階的に構成されている教材です。

算数を例に挙げると、「この問題ができたらこれはどうだろう。これができるなら、次にはこんな問題も解けるんじゃないかな？」と子どもの知的好奇心を刺激して導くように伸ばしてくれる教材です。

私は浜学園のテキストを見た時にすぐ「ここのテキストはいいな」と思いました。設問が考え抜かれていることがわかったからです。親自身が内容まではわからなくても、デザインでも判断できます。お母さんがぱっと見て「見やすいな」と思ったらいいテキストだと判断していいでしょう。

余談ですが、小学校でよく問題集として使われ、宿題になる「計算ドリル」は、各ページの計算問題の出題意図が脈絡なくバラバラのような気がします。

単純な計算問題でも、1問目から2問目に移る時は1問目の答えと関連づけて考えられるように、2問目が設定されていることが望ましいと思います。

子どもが1問目を解き、そこで理解したことを次の問題に応用して解くことで少しずつステップアップでき、1ページが終わった時に1つの単元を理解できるようなテキストが理想です。

塾を信頼して、いつも相談をする

塾の活用法

これはと思う塾を選んだら、徹底的に信頼することが大事です。塾の先生方は何千人という生徒を見てきたので、どうすれば合格できるかを知り尽くしています。私は困ったこと、相談したいことがあると即座に塾に電話していました。

三男の受験の時のことです。上の2人と違い、模試の成績が不安定だったので私は心配になるといつも「浜学園」の担任の先生に電話していました。先生に電話でお話ししている間に三男の勉強法について、ふとアイディアが浮かんだりしました。「この方法で勉強したらどうでしょうか」とたずねて、先生から「ああ、いい方法ですね」とお墨付きをもらうと元気百倍、安心して実行できるのです。

入試が近づいてきた12月に不安になった時に、電話したこともありました。先生は、「大丈夫です。佐藤君は奇数月の模試ではいつも合格圏内です。受験本番も1月。奇数月なので合格しますよ」と断言してくださいました。後から落ちついて考えたら理屈に合わない予想なのですが、私は、「そうだ。試験は奇数月だから合格なんだ」と信じ、三男にも「あなたは絶対合格するわよ」と話していました。三男も母が自信たっぷりに合格だと言うので、絶対に自分は合格すると思い込んだようです。

合格発表の日、その先生は灘中学まで見に来てくださって、合格を知ると掲示板の前で「よかった〜」と言ってその場に座り込み、しばらくうずくまって立つことができなかったと後で聞きました。たぶん、先生も合格するかどうか不安なお気持ちだったのだと思います。しかし私を動揺させないために、「奇数月だから合格」と断言してくださったのだと後で気がつきました。一番心配していたのは実は先生でしたが、大丈夫と言っていただいたことでまるで魔法がかかったように合格を信じることができました。

先生の支えがなかったら3人全員が灘に合格するのは難しかったと思います。先生の授業が始まるギリギリまで、2時間ぐらい面接で相談に乗っていただいたこともありました。お忙しくてたいへんだったと思いますが、「お母さんの話を聞くのが私の仕事」と言って、じっくりと話を聞いてくださいました。**このように親身になってくれる先生のいる塾を選ぶと心の支えになり、安心して受験生活を送ることができます。**

塾にクレームをつける前にすべきこと

塾の活用法

先生に2時間も相談する迷惑な（？）保護者だった私ですが、塾にクレームをつけたことは一度もありません。保護者の方の中には「うちの子の成績が伸びないのは塾の教え方が悪い」などと言う人が意外に多いのです。成績が伸びないのは先生の教え方が悪いのではなく、「授業を受け、宿題をして、テストを見直してできていない個所を家でやり直させる基本のプロセス」が家でできていないのが原因です。

先生や塾に不満をぶつけるより、先生に相談に乗っていただいて、子どもの勉強に寄り添ってあげた方が建設的です。

また、子どもにも聞こえるところで塾の先生の噂話をする保護者もいると聞きました。子どもたちは先生を尊敬しています。先生の噂話など勉強に関係ない話は聞かせない方が、賢明です。大人の事情は大人同士で解決したらいいのです。これは塾の場合だけでなく、習い事や小学校などでも同じことです。

成績が上がるのには時間がかかる

塾への通い始め

塾に通い始めてもしばらくは通塾・授業などに慣れる時間が必要です。はじめから順位を気にしたり成績を気にしたりするより、塾に通う生活に親も子も慣れることを目標にしましょう。

次男が4年生で塾に通い始め、最初の算数のテストが返ってきた日のことです。車で迎えに行き駅で待っていると、向こうから顔が見えないくらいガックリと首を垂れて意気消沈した様子の次男が歩いてくるのが見えました。

どうしたことかと見ていると彼は車に乗った途端に号泣し始めました。普段泣くことがない子なのでびっくりしましたが、聞いてみると算数が65点だったとのことです。次男は算数が得意でテストは満点に違いないと自信満々で受けたのに、予想外の点数でショックだったのです。

私はくやしいという気持ちで泣くことはいいことだと思っていたので泣くだけ泣か

せておいた後、次男に「くやしく思う気持ちはすごく大事。でも感情的になっても解決しないから、家に帰ってなぜ思うような点数が取れなかったか考えてみようよ」と話しました。

次の週、次男はテスト範囲を2回復習して、次のテストに臨みましたが、また65点で、ガックリ首を垂れて帰ってきて号泣。それを何回か繰り返していくうちに要領がわかってきたのか、点数が取れるようになりました。

今でもその時の次男のガックリした姿を思い出すたびに笑ってしまいます。しかし、あの時子どもながらに必死でがんばっていた姿はすばらしいと思いました。〝目の色が変わる〟とよく言いますが、あの時の次男は目の色が本当に変わっていました。

実際、塾へ行ってもすぐに成績は上がりません。

小学校では得意科目でテストで点数が取れていても、中学受験の勉強はもう一段階難しいので、親も焦らず見守ることが大切です。

地道に点数を上げる方法は、86ページでくわしく解説します。

勉強についていけるなら転塾はしないこと

転塾

塾に入ったけれど勉強についていけていない様子だったら、「転塾しようか」と悩む保護者も多いでしょう。雰囲気が合わない場合もあります。いくらやっても伸びず先が見えそうにないなら、転塾し心機一転して勉強に取り組むこともいいと思います。
ただ、「なんとかがんばったらついていける」と思うなら、そのまま続けることをおすすめします。その時は「半年続けてみる」など期間を限定して通い、それでも難しいと思ったら、その時スパッとかわるのでも遅くありません。

ただし、6年生になったらどこの塾に行っても受験を見据えたことをしているので、転塾の意味はほとんどないと思います。6年生の7月頃までに受験に必要な内容を学習し、後は志望校別の講座が開かれたり、過去問を解いたりすることに移ります。この時期に環境が変わると子どもに迷いが出るのでおすすめできません。成績が上がらないからという理由で親が転塾を考えていても、子どもがその塾や先生、友だちと親しんでいて替わりたくないというなら、その子にとってその塾には魅力があるのですから転塾の必要はありません。成績は急には上がりませんがコツコツやっていれば必ず上がります（86ページ参照）。親の考えだけで、短絡的に転塾を判断するのはやめた方がいいでしょう。ほとんどの塾は習熟度別にクラス分けをしています。クラスが落ちたことでやる気をなくす子もいるようですが、塾のクラス分けは塾の中のことであって、基本的には合否に関係ありません。「勉強を地道にこなしていけば合格するので気にしないように」とアドバイスしましょう。

宿題がどうしてもすべてできない場合は量を減らしてもらえたり、子どものレベル別に問題を選んで、易しい問題だけ解くように指導されることもあります。たとえば問題が難易度別に10段階あるとしたら、難関校志望の子は10まで解き、次のクラスの子は7まででいいと指定される場合もあります。

時々、7段階まででいいと言われているのに10段階まで解かせたがる保護者がいますが、これは子どもに負担を与えてしまうので無理をさせるのは禁物です。

どうしても親の欲が出るわけですが、そんなところで欲を出してもいいことはありません。思い切って一旦退くのも受験には大事なことです。

ダブル塾は子どもの負担を考える

ダブル塾
家庭教師

「進学塾に通いながら、週に1回また別の塾に通う」など、複数の塾に通う「ダブル塾」をしている子どももいます。

6年生になると日程的に複数の塾に通うことは困難ですが、4～5年生では、「算数だけこの塾で」とか、もっと細かくなると「この先生に習いたいので、別のこの塾の講座を1つ取る」という場合もあるようです。

しかし、塾によって微妙に教え方が違うので注意が必要です。計算問題の書き方が違ったり、文章題も答えを導くアプローチのしかたが違う場合も多いのです。

塾は「最短で正解を出す方法」をその塾独自で工夫して教えるので、別の塾に通っていると子どもが、それぞれの違うやり方に迷う場合があります。

塾の宿題がわからない、すべて終わらないという理由で、家庭教師を依頼している家庭もあります。子どもが塾から帰ってくると家庭教師が待っていて宿題を見てもらうということになります。

塾の宿題は量が多いので自力ではできなくなり、親も教えられないので家庭教師を依頼するのでしょうが、塾で疲れて家に帰って家庭教師の先生が待っているというのは、かなり子どもにとってつらいのではないかと思います。

家庭教師をお願いしなくても、塾によっては宿題を見てもらえる講座を別に開講している場合もあるので、先生に相談してはどうでしょうか。

夏の特訓講座は、子どもの状態を見て決める

講座選択

長男が塾に通い始めてしばらくした時（小学校4年生）のことです。成績が上がってきたので塾から通常の授業よりもレベルの高い講座の受講をすすめられました。この講座を取ると週に3回の通塾が4回になり、迷いましたが、週4回になると睡眠時間や遊ぶ時間が減るので、取るのはやめました。4年生は塾に通うことに慣れる時期でもあるので、いきなり勉強漬けの生活になる必要はないと判断したのです。通塾の回数は、子どもの状態を観察しながら決めたらいいと思います。

関東の塾に多いようですが夏休みに合宿を実施する塾もあるようです。6年生の夏に4泊5日の合宿があると聞いてびっくりしました。合理主義の私としては、合宿の準備、移動、キャンプファイヤーなどの時間がもったいなく感じ、「その間に問題が何問解けるかなあ〜」と思ってしまいます。関西の塾で合宿をするところは聞いたことがありません。6年生の夏、子どもたちの塾では休日は8月31日だけでした。

塾に丸投げでは合格しない

親の役割

塾に入れても塾に「丸投げ」したままでは合格できません。

塾の授業を受けたうえで、家できちんと宿題をする家庭学習が大事です。

特に塾に入ったばかりの時期は、宿題をなかなか終わらせることができません。保護者の中にはすぐに「もう受験はやめよう」と思ったり、「なんでできないの」などと子どもに対して感情的になったりする人がいます。

「宿題が全部終わらない」、「テストの点が悪い」という結果だけを見て判断してもしかたありません。原因を見つけてどうしたらいいかを考えましょう。

塾のカリキュラムはそれぞれの塾が練り上げたものなので、それさえ完璧に仕上げれば合格は確実です。最初から否定せずにまず全力でやってみましょう。

私は家庭学習で、
①宿題をチェックする（採点する）。
②テストが返ってきた時に見直しをする。
の２つを手伝っていました。

最初はたいへんと思っても、やり方次第で宿題はすませることができますし、テストの見直しを効率よく終わらせて成績を上げるコツもあります。

私が試してうまくいった方法を次の章から述べていきますので、ぜひ参考にしてください。

第3章

受験勉強の進め方と、親が行うべきこと

親の役割

子どもは勉強に集中、親は黒子にまわる

中学受験では小学校で習う以上の難しい問題が出ます。**保護者は基本的に学習内容を子どもに教えることはできないと考えてください。**

まれに、「お父さんが理系で算数は全部教えてもらっていた」というお子さんがいて羨ましいと思ったことがありますが、ほとんどの場合、特に難関校の問題は難しすぎて親は教えることはできません。

また、算数の文章題などは塾が独自に編み出した解き方があるので、親が中途半端に違う解き方で教えると、かえって子どもは迷ってしまいます。

学習内容は塾と子どもに任せ、親はあくまで黒子、縁の下の力持ちとしてサポートしましょう。「塾の送迎」、「勉強時間や生活時間の上手な使い方」、「健康管理」など親の仕事はたくさんあります。

また、勉強の中でも、「国語の四文字熟語」や「日本史などの暗記もの」は1人で

していると飽きてしまいますので、親が問題を読み上げるなどして、子どもの相手になってあげると効率が上がります。

小学生の子にとって中学受験はたいへんなことです。母が手伝えば毎日のやることも早く終わって睡眠時間も取れ、楽しく学べるし、知識の定着もいいので、親が子どものサポートをすることは非常に大事なことです。

そこに「過保護」とか「子どもの自立を阻む」というような考えが入り込むのは間違っていると思います。

中学受験に対する私の思考回路は次の通りです。

○中学受験をすることを選択した←

○目の前に課題がある←

○どうしたら子どもが課題を習得できるようになり、それでいて子どもの睡眠時間が確保できるか考える←

○工夫したことでラクに理解できるようになったら子どもが嬉しい顔をした。睡眠時

間も取れる←
○それを見て私が嬉しくなる←
○またいろいろ工夫する！

ごくシンプルな話なのです。

「ノートは自分で作ってこそ勉強だ」とか、「マルつけまで子どもが自分でしてこそ勉強だ」と考える人が意外に多いのです。しかしマルつけは「勉強本体」ではなく、勉強に付随した「事務」ですから本人でなくてもできます。

つまり、受験生は勉強に専念して、周辺のことは親がしたら、「ラクに楽しく、絶対合格」が近づくのです。

参考書・問題集

塾のテキストだけをマスターさせる

大学受験の時、長男がふと「化学の問題集がほしいな」とつぶやいたことがありました。

私は翌日、書店に行き「受験化学」とタイトルに書いてある問題集で、これというものは全部買ってきました。

長男は驚いたようですが、私はその中から合うものを選んで使えばいいと思ったから特に気にしませんでした。

大学受験では、多くの問題集をこなして、さまざまな問題に慣れることが大事なのです。

しかし、中学受験の勉強は塾の宿題をすることが中心になります。他の問題集をする時間はありません。

一度小4の時、長男に塾の問題集とは別に市販の問題集もあわせて使ったことがありました。

すると、植物の花の色を答える問題で塾の正答が「黄色」で、市販の問題集の正答が「薄黄色」と微妙に違って子どもがとまどったことがありました。

大人なら「黄色も薄黄色も似たような色だからどちらも正解」とわかるのですが、まだ人生経験の浅い子どもにはその差がわかりません。

それ以降、私は市販の問題集は買わず、塾のテキストだけで勉強させることにしました。

成績アップ

授業→宿題→テストを繰り返せば成績は上がる

前章で述べたように、塾によって多少の差はありますが、塾（浜学園）のカリキュラムは、

①授業
②宿題
③復習テスト（単元ごとに達成度を計る確認テスト）と模擬テスト

で構成されています。

学年が上になるにしたがって、平常の授業に加え、難度の高い問題を解く講座や志望校別講座が実施されます。

しかし、基本的にどんな講座を取ろうと、この①〜③の3つを地道にやっていくことが合格への近道です。

受験に裏技はないと思ってコツコツやっていきましょう。

①授業＝テキストを中心にノートを取ります。ノートはきれいに書くようにしましょう。後で見直す時にわかりやすく、すぐに復習ができます。

②宿題＝塾では宿題をするのが一番時間がかかり、たいへんです。しかし、習ったことは問題を解くことで理解が進むのですから、宿題をすることはとても重要です。

宿題が多い時は何日かに分けて少しずつ進めていました（77ページでくわしく解説します）。

③復習テストと模擬テスト＝これまでの学習を定着させるためのテストです。

テストは何点取れたかよりも、何を間違えたか、何ができていないかを見つけるためにするものと考えましょう。

母が作る「1週間時間割」が効率的

時間の管理方法

子どもたちに、塾のカリキュラムを「ラクに楽しく」すませてもらうために、私は新年度にまず1週間分の勉強の時間割を作成していました。

「小学校から帰宅後、夕飯を食べて着替えて塾に行き、帰宅して勉強して就寝するまで」をスケジュール表にしたのです。**できるだけムリのないよう、睡眠時間も最大限取るように組みました。**

就寝時間は、４年生は10時30分、５年生は11時、６年生は11時30分を基本とします。これを４年から６年までの３年間、新年度になるたびに作りました。

◆勉強の時間割の作り方

①Ａ４の紙に名前と曜日を書き、塾の授業を記入する。居残り自習（授業の後で残って宿題をする自習時間。わからない部分を先生が見てくれる）も色を変えて記入。こ

れで帰宅時間がわかります。

②帰宅後の勉強スケジュールを鉛筆で記入する。複数の項目を書くとその日のコンディションによってやりやすいものを選択できます。

74ページは三男が5年生になる時に作った勉強の時間割です。

6年生になると日曜日に志望校別授業や模擬試験が入ってきますが、基本的にはこの時間割と同じです。

〇水曜日は塾がない日なので、自宅での勉強のみ。いつもより30分早く就寝できます。睡眠時間の稼ぎ時です。

〇木曜日は塾が始まるのが遅く、その前に2時間程度勉強時間を組んでいますが、実際は午睡していました。この辺は体調を見て臨機応変に考えます。

〇金曜日は長時間の算数の授業があり帰宅時間も遅いのでいつもは11時30分には就寝

させているのですが、この日だけ就寝は12時過ぎです（小5の就寝時間は基本は11時で、長男も次男も11時に寝ていましたが、三男が小5の時は長男が中2、次男が中1で、家全体が寝るのが少しずつ遅くなってきたので、三男は11時30分に寝ることになっていました）。

○土曜日。小学校は休みなので朝8時から宿題をすませます。

○日曜日は、毎週ではありませんが、志望校別の授業があります。小6は、日曜特訓や公開テストがある週もあり、大阪や西宮（兵庫県）で実施されるので、その場合は朝6時30分にお弁当を持って家を出ます。

このように勉強中心の生活が続きます。

5年生（三男）の1週間の時間割

月	火	水	木	金	土	日
5:05〜6:55 理レ 7:15〜9:05 社 10:10 帰宅 10:10〜11:00 算 11:00〜11:30 漢 計 国レ漢 国知 灘知	5:05〜6:55 国 7:15〜9:05 算2 9:05〜10:00 いのこり 国 11:00 帰宅 漢 計 国レ漢 国知 灘知 国	5:30 帰宅 6:00 国 6:30 理 7:00〜11:00 算レ 11:00 漢 計 国レ漢 国知 灘知	5:00〜7:00 理 算レみなおし 7:15〜9:05 算1 9:05〜10:00 いのこり 算 11:00 帰宅 漢 計 国レ漢 国知 灘知	5:30〜10:00 算レ 11:00 帰宅 11:00〜12:50 国レ 漢 計 国レ漢 国知 灘知	8:00〜12:30 社 算 理 1:50〜4:50 国レ 5:05〜6:55 理 6:55〜8:00 いのこり 理 9:00 帰宅 9:00〜11:00 国レ 漢 計 国レ漢 国知 灘知	10:00〜8:50 灘中合格講座（月に1回） 10:10 帰宅 漢 計 国レ漢 国知 灘知 復習みなおし

※実際は、手書きで記入します。塾の予定は色文字、自宅学習は鉛筆で記入していました。帰宅後の予定はすべて行うわけではなく、目標です。このうち2つくらいを勉強していました。
ちなみに「レ」は「最高レベル特訓」の略。
「いのこり」は宿題をする自習です。

時間の管理方法

その日の勉強内容は、母親がノートに書いておく

その日にする勉強の項目は、子どもが塾から帰宅した時にすぐわかるように、私がノートにメモをして机の上に置いていました。

前項で解説した「１週間分の時間割」と、この「ノートのメモ」がセットになって、その日に何を勉強すべきかがひと目でわかります。

「ノートのメモ」では、たとえば小学校で運動会の練習など行事があって疲れているようならば、比較的負担の少ない知識系の勉強を主にするなど、その日の体調によって時間割を変えていました。

使うのは不要になった大学ノートの残りのページ。１人に１冊ずつ用意して表紙に名前を書き、次のように書いておきます。

佐藤ママのある日の「ノートのメモ」

テストまで14日		
10月6日(月)		
17:30ごろ	帰宅予定	
18:00〜18:30	算数問題集P20〜P30	30分
18:30〜19:00	漢字プリント No2、3	30分
19:00〜20:00	夕食、お風呂	
20:00〜20:30	国語P1〜P7	30分

※実際は、それぞれの子ども用のノートに、この内容を手書きで記入します

何をいつすればいいのか時間をはっきり書くとその日の勉強量が見えます。子どももゴールがわかるので、さっさと終わらせようという気持ちになります。

勉強は「眠くなるまでする」のでも、「夜遅くまですれば点数が取れる」のでもありません。

「その日の適量を決め、終わったらさっさと寝る」。この繰り返しで成績はいつの間にか上がっていくものです。

塾の宿題

大量の宿題でも3日に分けるとラク

塾に通い始めて最初にぶつかる壁、それは宿題です。教科ごとにたくさんの宿題、それも小学校で習うより難度の高い問題が出るので質と量に圧倒されてしまう子どももいます。宿題をやるのを1日延ばしにしていると、その科目の授業の前の夜になって慌てて行うことになり、勉強自体が楽しくなくなっていきます。

そんな時は宿題を３分の１ずつに分けて、３日かけて仕上げていくように計画を立てるといいでしょう。

たとえば水曜日に算数の授業がある場合。宿題を3等分して、3日間に割り振ります。各曜日の所要時間はその子の学年によって違いますが、わが家では30〜50分程度を充てていました。

○例　水曜日に授業がある場合（小４〜小６）＝

土曜日……1／3量（約30～50分）
日曜日……1／3量（約30～50分）
月曜日……1／3量（約30～50分）

火曜日は予備日としてキープし、やり残した宿題や見直しに充てます。こうすると余裕を持って水曜日の授業を受けることができます。

たとえば、宿題が10ページ出た場合は、3～4ページが1日の量です。

宿題の3ページごとに線と日付を入れておくと、「ここまでやればいい」ことがわかって気持ちがラクになります。何を、どれぐらい、いつするかが目に見えてわかることが勉強には大事です（カラーⅢページ参照）。

このように他の科目も量に合わせて割り振っていきます。

6年生になると「〇〇中学特訓講座」など志望校別の講座も増えますが、同じように分割するとラクにすませることができます。

一番時間がかかるのが算数なので、時間割は算数を中心に考えます。他教科は算数ほど時間がかかりませんが、1日でやりきれない場合は分割してやっていきます。

コピー機、タイマー、カレンダーが大活躍

勉強の必需品

受験勉強中、大活躍したのがコピー機です。わが家では20年前からコピー機を使っています。今使っているコピー機は2代目です。

コピー機はどんな機種でもいいのですが、必ず拡大コピーの機能がついているものを買ってください。赤本など過去問の問題集は解答用紙が縮小されて掲載されているので、実際に入試で使われる大きさにコピーするには拡大コピーが必須です。

それに、大きな字で勉強した方が読みやすく頭に入りやすいものです。

私は子どもたちが習っていたバイオリンの楽譜も拡大コピーしていました。はっきり見えて弾きやすく覚えやすい効果があります。

今はコピー機の価格も手ごろになって家電店で2万円台から売られています。わが家のコピー機はB4までプリントできますが、過去問の解答用紙がB4サイズより大きい中学校もありますので、欲を言えばA3がコピーできる機種がほしいものです。

Ａ３が必要な場合はレンタルという方法もあると聞きました。

算数の「特製ノート」（１３３ページ参照）などを作る時の**「のり」はスティックタイプの「プリット」（コクヨ）を使用。**でんぷんのりは水分が多く、ノートがかさ張ってしまうので不向きですが、スティックタイプは高価なので、使用する量によってでんぷんのりと使い分けるのもいいと思います。

また、わが家では勉強スペースの隣にある冷蔵庫の横に、**マグネット式のキッチンタイマーを15個ぐらい貼り付けています**（カラーⅡページ参照）。

長男、次男は、主に過去問をする時にタイマーを使っていました。

三男はおっとりしたタイプでなかなか集中できない傾向にありました。ですから、過去問以外の勉強でもタイマーを使って、１教科の時間を15分に区切り、次々に教科を変えて勉強させました。

たとえばタイマーをセットして算数を始め、15分たったら問題が途中でも国語の問題に取り替えます。15分たったらまた理科、社会と次々に変えます。本人もタイマーを見て残り時間が少なくなると、今している問題を取り上げられると思うので、「あ、時間が！」と言いながら集中できるようになりました。急いで問題を解くと間違えやすいと思われるかもしれませんが、実は逆で、集中できているのでかえってミスが少なくなるものです。短時間でも集中する方が間違いません。

カレンダーは2つ並べて今月と来月分を机の前に貼っておきます（カラーⅡページ参照）。2か月分貼っておくと1か月先の模試の日程なども視野に入ってくるので準備がしやすくなります。子どもたちに2冊ずつ計8冊、私に1冊用意するのが年末の私の仕事でした。

1冊のカレンダーをバラバラにして2か月分を見られるように貼ってもいいと思いますが、わが家では手間を省くため、1人に2冊のカレンダーを使っていました。

採点は親がして子どもを休ませる

マルつけ

子どもたちが通っていた塾では、宿題には、マルつけをして提出することになっていました。

わが家では私がマルつけの担当です。この習慣は長男が塾に通い始めた頃から始まりました。

長男が塾に入る前は学校から帰ってきたら、きょうだい4人でわいわい楽しく遊んでいたのに、塾に行き始めると他の子が遊んでいる中で、長男だけが塾の宿題をすることになったのです。そんな様子を見て、私は「なるべく遊ばせてあげたいなあ」と思いました。

長男が小4の時、塾から帰ると9時半、そこから宿題をすると寝るのがかなり遅くなります。勉強は大事、でも睡眠時間も大事。私が考えるそのギリギリの時間が4年生は10時30分、5年生は11時、6年生は11時30分で、必ず寝かせたいと思いました。

そのために私ができることが、「宿題のマルつけ」でした。**私が採点している時間に長男はきょうだいと遊べます。**

子どもが塾の宿題を終えたら私の出番。ゴロンとリラックスしたり、きょうだいと遊ぶ横でマルつけをしました。

マルつけが終わったら間違えた問題の見直しを子どもがします。解き終わった問題は、マルつけの後すぐに見直した方が定着するのです。

親が採点すると、勉強の穴が見つかる

マルつけ

私がマルつけをする理由がもう1つあります。子ども自身にマルつけをさせると答えを間違った時、ちょっとだけ改竄《かいざん》してしまうことがあるのです。

たとえば「0」と出した答えの正解が「6」だったら、「0」にちょっと書き足して「6」にしたり。一生懸命やって出した答えなので、間違えるとやり直しが面倒なのでついつい訂正してしまいます。

しかし、間違えたということは知識のどこかに欠点があるのです。この欠点が見過ごされたまま埋もれてしまい、この欠点が次に出るのが入試本番だとしたら取り返しがつきません。**宿題でもテストでも一番大事なのは、点数ではなく間違いを見つけることです。**何ができたかではなく、何ができていないかを見つけるのが目的ですし、間違えたところをどう見直していくかが大事なのです。チェックは第三者が厳密にする……これは受験に限らず、どんな仕事においても言えることです。

宿題は答えを必ず全部埋める

塾の宿題

わが家では、塾の宿題は解答欄を全部埋めて、次の授業に出席することをルールにしていました。しかし、運動会など小学校の行事があったり、風邪をひいてしまったりで宿題ができない場合もあります。わが家の子どもたちも年に1～2回、どうしても宿題ができずに次の授業の日を迎えることがありました。そんな時は、答えを写して解答欄を埋めてもいいことにしました。白紙で出すよりいいと思います。それは、答えを写しながらちょっとだけでも考えたり、解き方がわかったりするからです。**空欄のまま出すと「空欄があってもいい」、つまり「わからないところはそのままにしてもいい」という癖がついてしまいます。**

一度、長女の受験勉強中、塾の宿題ができていなくて、電車の中で私が解答を読み上げて書き写させたこともありました。宿題の「解答欄を全部埋める癖」をつけるために、書き写しでも空欄よりよいというのが私の考えです。

成績は、5週間かけて5点ずつ上げていく

佐藤式勉強法

塾で復習テストや模試があった場合、親は、悪い点数が出ても慌てず、「その先」を見ることが大切です。

たとえば算数のテストがあって65点だったら、皆さんはどうしますか。何回テストをしてもいつも65点止まり。なかなか成績が上がらないと悩みますよね。

「悪い点数ね。もうちょっと勉強しなさい」

「平均点は何点だったの？」

「偏差値はいくつなの？」

「○○君（ライバルの名前）は何点だったの？」

とつい言ってしまいがちです。

逆に褒めないといけないと思い、「がんばったわね。あと35点がんばってね」と言うときもあります。

しかし、どんな点数でも結果は結果。今さら変わりません。

問題はこの65点をいかに上げていくかです。

よく、やってしまいがちなのは、65点だったら残りの35点全部を一度に見直して100点の答案を作ろうとすることです。しかし、35点を一度に見直すのはとてもたいへんで時間もかかります。

65点だったということはその子は算数が苦手で、半分くらいしか理解できていないということですので、テストの最後に出てくるような難度の高い応用問題を解くのはその時には、難しいでしょう。無理に解こうとすると勉強がつらくなり、苦手意識を持ってしまいます。

どうしたらいいでしょう。

いきなり**100点を目指さず、「ちょっと上げる」を目標にするのです。**

まず、残り35点の内容をチェックします。「解けなかった35点」にもいろいろな種類があります。

①その子の今の力では到底解けない問題

もありますが、

②もう少しで解けそうな、かなり正解に近い惜しい問題も少しあるはずです。

まず、今は①を捨てましょう（受験では捨てることも大事な戦略の1つです）。

注目するのは②です。**いいところまで行ったのだけど正解に行きつかずに間違えた問題なら、よく見直せば正解を出しやすいのです。**

「ああこれ残念だったよね。もう少しでできたのにね」

と話しかけながらやり直します（叱ってはいけません）。

35点分を見直すのはたいへんですが、10点分（普通のテストならだいたい1～2問ぐらい）だけなら少ない時間で終わります。

本人も「もう少しで正解だったけど惜しかった問題」をするのですから、前向きに問題に取り組むことができます。

まず惜しかった問題を正解することでちょっと点を上げる、これが佐藤流「ちょっとずつ成績を上げていく戦法」です。

さて、また次のテストがやってきました。

点数を確実に上げる方法

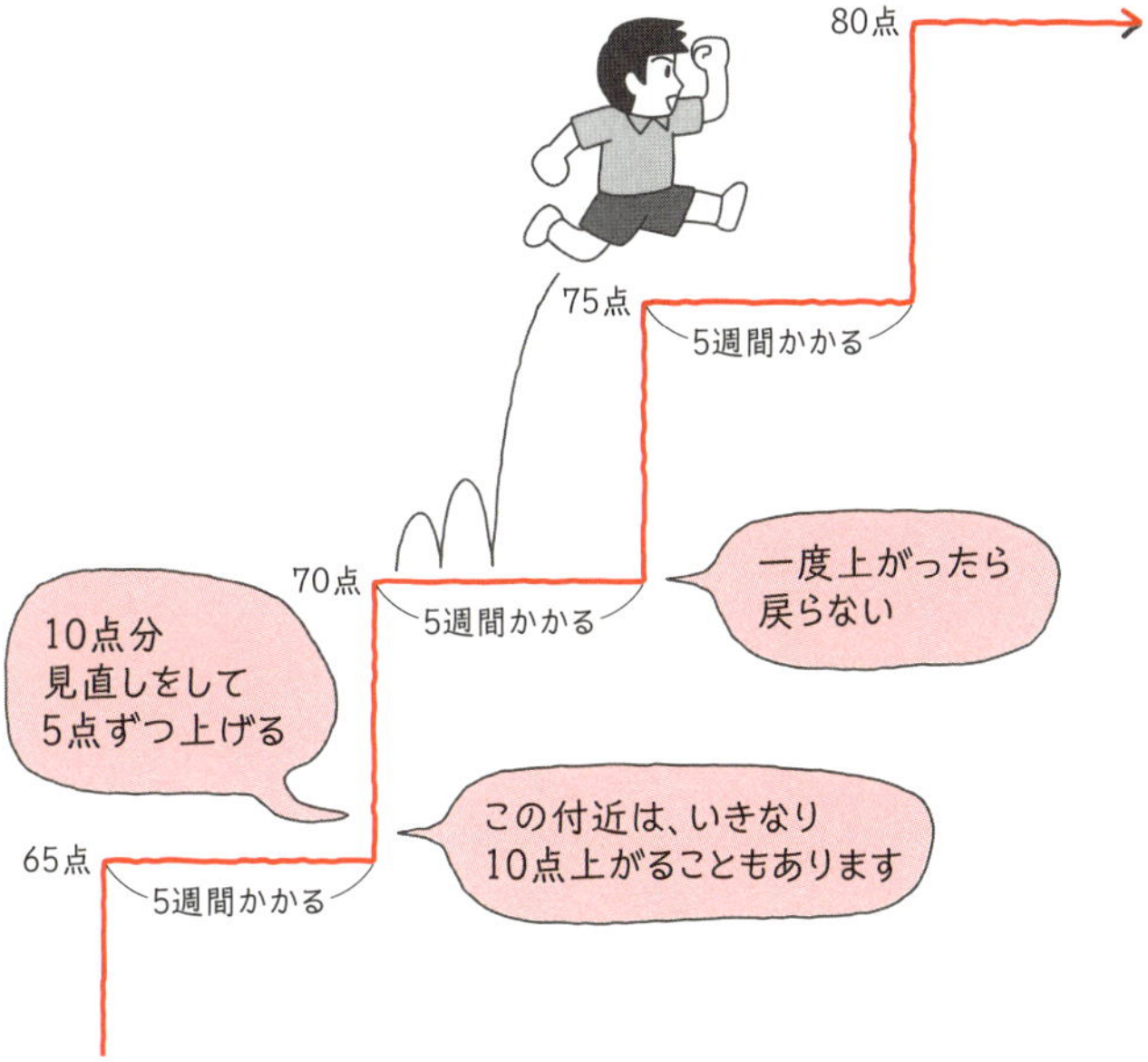

②の問題を見直していますから今度は75点が取れるのでしょうか。いいえ、また65点である可能性が高いでしょう。前のテストとは問題が違うのですから無理もありません。そこでお子さんを叱らず、また同じように残りの35点の中から、②の「正解に近く本当に惜しい問題」を10点分見つけてやり直します。

人は一直線や右肩上がりの曲線では成長しません。グラフのように徐々に階段状に上がっていくものです。

次の段階に上がるには、65点で足踏みしている状態を5回ぐらい繰り返さないとステップアップできないと私は思います。塾で復習テストが毎週あるとしたら次の段階に上がるまで5週、1か月少しかかります。いかに我慢して努力を重ねられるかが成績を左右します。成績を上げるためにはこのように時間と地道な努力が必要です。

しかし、だいたい5週たつと効果は必ず現れます。65点しか取れなかった子が70点や75点を取り始めるのです。

そして不思議なことに70点を取り始めた子が65点に戻ることはありません。何回やっても70点台が取れます。「鉄板の実力」を獲得したのです。**そうなったらまた5週間かけて次のプラス5点を目指せば、確実に成績は上がっていきます。**

テストは弱点をチェックするためにある

佐藤式勉強法

前の項に書いたように、５回やり直しを繰り返せば、自分のものになります。

そうすると５週間で５点上がる。20点上げるには20週、すなわち約５か月かかるので気長な話ですが、何もしないなら点数は上がっていきませんから、少しずつでも上がっていくことを重視してください。

ふとしたきっかけで75点を取れるようになった自分を発見したら、子どもは嬉しいもの。そしてまた、「正解に近かった問題」を見つけて、５回繰り返して５点上げていく——。実力を上げていくということはこういうことではないでしょうか。

以上をまとめると、テストが返ってきた時の親の仕事は次の通りです。

①子どもの点数をチェックする。
②結果に対してとやかく言わない。

③「正解に近かった惜しい問題」を2問、子どもと一緒に探す。

④やり直すのを見守る。

してはいけないことは、点数だけを見て叱ってしまうことです。結果だけを見て批判するのは一番ラクですが、子どもは悲しい気持ちをかかえたままになります。

テストは「何ができているかを見るもの」ではなく、「何ができていないかを見るもの」だと思ってください。

焦らずに、「最終的にできればいい」と考えましょう。

では、最終の入試本番に100点を取ればいいのでしょうか。

いいえ、100点でなくても大丈夫です。100点を取らなければ落ちる受験はこの世にはまずありませんから。本番は、できるだけ点数を取って、必ず合格することが一番大事なのです。

ただし塾の復習テストでは、最終的に100点を取れるように、この5点ずつ上げる地道な方法でがんばりましょう。

正答率の高い問題を間違えない

佐藤式勉強法

テストを見直して、難しい問題ができていなくてもそんなに心配しなくてもかまいませんが、注意しないといけないのは「正答率の高い問題」を間違えている場合です。塾の一斉テストや模擬試験の結果の紙には、それぞれの問題の正答率が書いてあると思います。「正答率が70％以上」つまり「他の子がほとんどできているのに間違った問題」がある場合は、勉強のどこかに穴があるということですので、よく見直してください。もし5年生で苦手な項目があれば、4年生、3年生に戻って復習しましょう。できていない部分を一からやり直せば、その項目は得意分野になります。正答率30％以下の問題の復習は後回しにしてもかまいません。

入試に通るコツはみんながわかる正答率70％以上の問題を確実に押さえ、さらにあとの問題でいかに点数を伸ばせるかなのです。

模試の点数に一喜一憂しない

勉強の心構え

前でも述べましたが、模擬試験の点数をいちいち気にする必要はありません。
「模試は模試であって本番ではない」くらいに考えましょう。

浜学園では定期的に志望校を設定した模試があり、その日のうちに採点、合否判定をして合格者を発表します。

三男は成績が安定しない時期が長く、灘中模試に合格だったり不合格だったりして、本人はそのたびに喜んだり落ち込んだりしていました。

塾の近くにケンタッキーフライドチキンがあり、模試で合格判定だったら私と息子でフライドチキンを食べてゆっくりして家に帰ったりしていましたが、不合格判定が出ると2人で早々と帰宅します。

しかしお腹がすくので、途中の難波駅で駅ナカのおそば屋さんに立ち寄っていました。合格判定ならフライドチキン、不合格判定なら駅そばが習慣になりました。

深刻に考えると子どものやる気をそぎます。

私は「やった！　今日はフライドチキン」、「残念、おそばだ」などと冗談っぽく言って子どもを追い込まないようにしました。おそばはおいしかったですし、２人で気を取り直して家に帰ったものでした。

私は、「受験は旅なので、お母さん方はお子さんのいい道連れになってほしい」といつも思っています。

しかし、お母さんは子どもの模試の点数がいい時は喜んで手を取りますが、点数が悪い時には叱って手を離してしまうことが多いようです。

本当に頼れる道連れになるためには、点数が悪い時こそ、寄り添ってしっかりと手をぎゅっと握っていただきたいと思います。

成績が不安定な子には過去問が効く

過去問

　勉強はその子に合わせた方法ですると劇的に効果が出ます。中学受験で効果があったと思うのが、三男に灘中の過去問を解かせたことです。三男はなかなか成績が安定せず塾の模試で合格圏内を行ったり来たりという状態でした。実力があれば毎回合格判定が出るはずですから力不足は否めません。

　6年生の夏に大きな模試があり、算数で100点満点中9点という点数が出ました。80点は取りたいところなのに、小問2つしか取れていません。私は愕然《がくぜん》としました。よく考えた末に、「この子は自分でも意識していないけれど、兄2人が合格したというプレッシャーを感じているのだな」と思い当たりました。

　家に男の子が3人いて2人が同じ中学に入り、楽しそうに先生方の話などしている。自分もその中学に入りたいけれど、長男・次男と三男の間には見えない壁があるのです。これまでの模試を見てみると三男の成績は確実に上がっていて勉強もしっかりしている……、ということはやはりプレッシャーが原因です。プレッシャーをなくすにはどうしたらいいか？　私は考えました。突破したいのは模試ではなく実際の入試問題です。「だったら過去問をたくさん解いて実戦に慣れるのがいい」と思いあたりました。**私は早速、問題集やネットから19年分の過去問を集めました。**

平成元年から19年までの全科目（国語、算数、理科）の5種類の問題（国語1日目・2日目、算数1日目・2日目、理科）を4枚ずつコピーして、クリアホルダーに入れました。膨大な量ですが、「これをやったら通る」と三男に言い聞かせました。量をこなすことで見えてくるものは必ずあると信じました。

過去問は規定の時間を計って解くのがふつうですが、三男の目的は時間内に終わることではなく、問題の傾向を知ってプレッシャーを取り除くことなので、1回目は時間を計らないで解くことにしました。

最終的には19年分をほぼ4回繰り返しました。国語の問題は長文を覚えてしまうので2回でやめましたが、理科は3回、算数は3回半しました。1回目で解けなかった問題は、私がノートにまとめて時間がある時にさせました。

「佐藤ママ特製過去問」とは

三男の灘中受験の場合

平成元年から19年までの
19年分の過去問

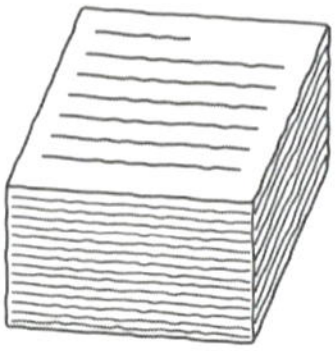

↓

これを4枚ずつコピーして、教科ごとに
分けてクリアホルダーに入れる

↓

算数 1日目 ｜ 算数 2日目 ｜ 国語 1日目 ｜ 国語 2日目 ｜ 理科

×4部ずつできる

↓ 9月1日〜1月16日まで
これを解く

1回目	時間を計らず、算数、国語、理科を解く

↓

2回目	算数、国語、理科を解く

↓

3回目	算数と理科を5〜7割の時間で解く

↓

4回目	算数を5〜7割の時間で解く

実のところ、2回目からは問題を覚えてしまうので3～4回もすることに意味があるのか？　と不安でしたが、1回目は解けなかった問題が2回目からはすぐに解けるようになると自信がつきます。慣れてくると問題全体が俯瞰できるので、解く順番を見定めて点数をより多く取る方法を会得するようになります。3回目からは規定時間の5～7割の時間を設定して解きました。

三男は3回目の時には、「来年の入試問題が予想できるなあ」とまで言いだし、試験に対する怖さが払拭されたようです。最後になって「もう新しい問題がやりたくなったよ」と言ったのを聞いた時、私は「これでイケる」と確信しました。

始めたのは9月1日で、終わったのが入試直前の1月16日。6年生はただでさえ宿題やテストで日程はいっぱいいっぱいです。過去問を解く時間を確保するために、しかたなくこの期間は11時30分就寝ではなく、11時30分から12時30分の1時間を過去問の時間としました。疲れているうえに眠くてたいへんだったと思いますが、「今日はこの年の算数2問、国語1問」というように少しずつ解いていきました。

三男の合格はこの過去問が功を奏したと思います。成績が不安定だったら自信をつけるために過去問を解くことをおすすめします。

受験は他人ではなく自分との闘い

受験の心構え

「親は自分の子どもだけを見るべきで他の子と比較してはいけない」と頭ではわかっていても、実は私にも他のお子さんの成績が気になった時期がありました。

それは長男が塾に行き始めた頃です。

点数がビシッと出て順位も明確にわかります。最初はいい成績が取れなくてあたり前なのに、ついつい「○○君は何点だったの？」、「平均点は何点なの？」と長男に聞いていました。

しかし2か月たった頃、ハタと、

「他の子を勉強させないようにすることはできないんだ」

「わが子の成績を上げるにはわが子が勉強するしかないんだ」

と気がつきました。

他と比較するのではなく、できない部分を見直して子どものレベルを上げるしかないと気がついたのです。

自分の子のことだけを考えればいいと気づいてからは、むしろ気がラクになりました。それ以降一切、他の子の成績は聞かなくなりました。

子どもたちにも、

「お友だちが勉強しないようにすることはできないの。お友だちも必死でがんばっているから、自分のためにあなたががんばるしかないのよ」

と話しました。

他の人と比べない方が幸せ……それは何にでも言えることではないでしょうか。

「苦手科目」は、勉強量が不足しているだけ

勉強のスランプ

「子どもに苦手科目があり困っている」と保護者の方はよくおっしゃいます。

苦手科目とは何でしょうか。わからない問題とは何でしょうか。もしかすると単に勉強の量が足りていなくて理解できず、苦手になっているだけかもしれません。

算数の文章題が苦手な子は多いのですが、慣れることで解くことができるようになります。「植木算」「旅人算」など特殊算と呼ばれる問題も、例題を20～30問解いていけば、わかるようになってくるはずです。ある程度の量をこなすことで問題のパターンがわかるからです。

量より質と言われますが、それは理想論。量をこなせば質が上がっていきます。**私は「量は質に転化する」と考えています。**

「苦手」「才能がない」と決めつける前に量をこなしてみてはどうかと思います。1問解いただけでわかる子もいますが、もし10問しないとわからないとしたら10問解い

てみましょう。きっと見えてくるものがあるはずです。

また、よく聞く言葉が「スランプ」と「ケアレスミス」です。「うちの子、今、スランプなのよね」とか、「この前の算数、ケアレスミスで損した」などと言います。便利な言葉ですが、２つとも実力不足からきていることが多いのです。

スランプはかっこいい言葉ですが、実態は「成績が上がらず点数が取れない状態」のことです。成績は急には上がりません。安易にスランプと決めつけずに見直しをして5点ずつ成績を底上げしていきましょう。地道な繰り返しが鉄板の実力をつちかいます。

ケアレスミスもよく聞く言葉です。ケアレスというとなんだか自分は悪くないように思えますが、要するに「間違えやすいパターンにはまって間違えた」ということ。ケアレスでもミスはミスで本当の実力があればミスはしません。この場合も何を間違えたか見直して繰り返すと成績は上がっていきます。

文房具は2セット用意する

勉強の必需品

筆箱の中身はシンプルが一番。わが家では次のような文房具を使っていました。

○シャープペンシル＝疲れない効果があるとして販売されている製品など、子どもたちがいろいろ試しましたが、結局、軽いのが一番とわかり、「パイロット　スーパーグリップノック（0・5㎜）」を使用。書きすぎて壊れたことがあり、そのたびに買いに行くのも時間のムダと思い、まとめて60本買って常備しています。

芯はB（または2B）を使用。Bを使うのは芯が柔らかな方が疲れないから。三男だけは0・7㎜の太い芯を大学入試まで使っていました。

筆箱の中に3本ぐらい入れておくと、勉強に集中している時に芯がなくなっても、入れ替えに時間を取られることがありません。

○消しゴム＝プラスチック製の消しゴムを使用。モノ（トンボ鉛筆）、またはユニ

（三菱鉛筆）で、４人それぞれに好みのものがあり、長男は細長いタイプ、次男はそれより少し幅広いタイプ、三男はゴシゴシ消すので四角いタイプ、長女も四角いタイプを選んで使っていました。

○赤ボールペン、青ボールペン＝サラサ（ゼブラ）のジェルボールペン０・５㎜を１本ずつ使用。

○定規＝一応入れていますがあまり使いません。

筆箱の中はこれだけ。下敷きは使いませんでした。下敷きは硬いので上から書くと疲れるし、ページをめくるたびに入れ替えるのが面倒なのが理由です。でも、下敷きが好きなお子さんは、気に入った柄の下敷きを揃えてあげたらいいと思います。

筆箱は塾用と小学校用の２つを使用していました。１つだけだと塾に行くたびにランドセルからバッグへ筆箱を入れ替えるのはたいへんですし、持っていくのを忘れてしまう可能性があります。

テキストの整理には100均のケースが便利

勉強の必需品

勉強を始めようと思ってもテキストが見当たらない、ノートがどこに行ったかわからないでは、やる気がそがれますし時間のムダです。

教材を探す時間は一番ムダな時間と考えましょう。ものは「しまう」より「使う」方が大事。しまう時間と手間を極力少なくします。

私は100円ショップで買ったケースに教科別にシールを貼って、その教科の教材はすべて入れて机の棚に並べるようにしていました（カラーIIページ参照）。**こうすると勉強を始める時に教材を探さずにすみます。**

塾のテキスト、ノートは勉強が終わったら、ケースに入れれば終わり。ファイルよりガサッと入れられるボックス型ケースの方がラクです。子どもにとって面倒ではない方法を工夫しましょう。親が怒る時間もゼロになります。

100均ケース法は大学受験時にも応用しました。

早朝学習は、早起きが得意な親子のみ

朝の学習

お母さん方の中に、子どもを朝早く起こして短時間でも勉強させるという方もいるようですが、わが家ではしていませんでした。

もっとも大きな理由は、私が朝が苦手だということです。それに、ただでさえご飯を作ったりして時間がなくてバタバタしている朝に、勉強を見ることなどとてもできないと思ったからです。

夜遅くまで勉強している子どもたちに、朝は少しでも睡眠時間を取らせたいと思ったのも理由です。

早朝学習した場合、そのまま子どもは登校するので、親がチェックしても子どもが見直しをする時間がありません。やりっぱなしになってしまうので、わが家のやり方では効率が悪いと思いました。親子ともに早起きが得意で、朝のうちに見直しまでできる人は、朝の学習を取り入れたら効果的だと思います。

教材作りは子ども別に時間を分ける

ママの時間割

朝、子どもたちを学校に送り出した後、新聞を読みながら子どもたちの勉強のテーマを考えるのが楽しみでした。

「長男には漢字の勉強がもう少し必要かも」

「次男は計算力をもう少しつけたい」など。

4人いるので考えているとだれが何を必要なのかわからなくなるので、1人に1冊ノートを用意してそれぞれに思いついたことを書き留めていました（75ページ参照）。宿題用のノートを作ったり、復習テストでできなかった問題をノートにまとめたり、苦手ノートを作る時間も必要なので、子ども別に時間を作っていました。

子どもたちを送り出して家事を終えた9時～13時までが私の教材作りタイムです。9～10時は長男、10～11時は次男、11～12時は三男、12時～13時は長女というようにスケジュールを立ててしていました。

女子の受験は男子より長期戦で

女子の中学受験

中学受験に限らずどんな受験でもいえることですが、個人差はあるものの、男の子は短期決戦ができます。

それに対して女子は個人差がありますが体力的に短期決戦は向かないようです。ですから、より長いスパンで予定を立てた方が安全でしょう。

男の子は小学校６年生の１年間、夏休みの家族旅行などもすべてやめて全力で勉強に集中させましたが、女子の場合はそこまでですると追いつめてしまうような感じがしました。

女の子を持つお母さんたちに聞くと、６年生の夏休みに一緒にコンサートに行ったり、花火大会を見に行ったりしていたといいます。それを聞いてはじめは驚いたのですが、言われてみればぎゅっと詰め込んでも大丈夫な男子に比べ、女子は詰め込みすぎると精神的に負担がかかることがあるようです。
女の子の受験には気晴らしが必要ということでしょうか。

女の子は、小学校高学年では身体も変化する時期です。個人差はありますが、がむしゃらにダッシュすることは、本人に負担が大きいようです。

おしゃれに興味も出てきて好奇心も旺盛になるので、勉強以外のことも楽しんで、ストレスを溜めずに受験生活を送る方がいい結果になるようです。

わが家の長女も他の女の子と同様に、塾用のリュックサックを厳選して好みのものを選び、お守りをつけたり、気に入った文房具を買ったりして楽しんでいました。

「女の子はこういうことにこだわるものなんだなあ」と感心したものです。

ただし、生活を楽しみながら勉強するのであれば、多く時間を取らなければいけません。

ですから、男の子が4年生から塾に行くなら、3年生から行くなどして**時間をたっぷりかける「前倒し作戦」が必要でしょう。**

入試に合格するためにするべき勉強の量とその学校に受かるために到達するべきレベルは決まっています。

コンサートに行く時間が必要ならばその分、前から準備してぎゅうぎゅうに詰め込まない方が負担が軽くなり、ラクに受験勉強が続けられます。

女の子にありがちな「きれいすぎるノート」はムダ

女子の中学受験

概して男の子に比べて女の子はコツコツまじめに勉強するイメージがあります。成績も順調に伸びていく……、はずですが、ここに落とし穴があります。コツコツしすぎてムダが多いのです。

たとえばきれいすぎるノートは要注意。見出しや重要事項をきれいな色のサインペンで囲んだり花模様をつけたり楽しんでいますが、ノートはあくまで手段。きれいにノートを作成した時点で勉強が完結してしまうのか、そこから進まずに点数に結びつかないことがあります。**重要事項を次々にサインペンでマークしていくと、どれが重要事項かわからなくなることも。**

受験は効率が大事。他のことに気を使いすぎて本筋を忘れていると受験という勝負に負けてしまいます。筆箱を色とりどりのペンでいっぱいにしている女の子は、お母さんも一緒に中身を減らしてみてはどうでしょうか。

自分で勉強を進められる子なら、親が一歩引いてもいい

親子関係

勉強の進め方は人それぞれです。うちの子どもたちも個人差があり、長男は自分で勉強法を考えて進めるのが好きでした。下の3人は私と勉強する方がラクと思っていたようで大学受験の時も手伝いました。高校生の三男に世界史のテキストを音読してあげていると、そばでふんふんと聞いています。その時、長男が帰宅して三男に「それ、自分で読んだ方が早いんじゃない？」と言ったら、三男は「でもこのおばさん（私のことです）、けっこう読むのうまいわ」と笑って答えていましたから、三男は耳で聞いて覚えるのが好きで、親が手伝うのを邪魔に思わないタイプでした。

反対に「自分のペースで勉強を進められる子」、「塾のやり方で進めるのが好きで親の介入をいやがる子」もいると思います。その場合は子どもに全面的に任せ、困った時だけ話を聞いてやったり、親で解決できない場合は塾に相談するというやり方がいいと思います。

元祖おにぎらずが塾前ご飯に最適

食生活

子どもたちの食事面では、小さい頃、苦手な野菜を小さく刻んでまるで魔女が薬を作るかのように大きなお鍋で煮て、それをカレーにして食べさせたりと手間をかけていましたが、基本的に宅配サービスの食材を使うようにするだけで特に食べ物に気を使ってはいませんでした。

子どもたちが塾に行くようになると、小学校から帰宅してすぐに着替えさせて塾に送っていくために、前もっておにぎりを作ったり、温かい唐揚げを食べさせたくて、時間を見計らって用意したりしていました。

ある時、一つ一つおにぎりを握るのが面倒になり、海苔を一枚広げてご飯をのせ、上にお肉を炒め合わせた具をのせて、海苔の四方を折りたたんでラップに包みました。子どもたちは食べやすいので大喜び。私もお皿が汚れないので一石二鳥でした。

子どもたちはこれを「当時、ママの焼き肉おにぎり」と呼んでいましたが、最近テレビで今はやりの「おにぎらず」が紹介されていて、私が作った「焼き肉おにぎり」とそっくりだったのでびっくりしました。

「おにぎらず」ブームを10年前に先取りしていたのが少し自慢です。

おにぎりは便利なのでよく作りました。食べやすいように小ぶり（コンビニで売っているおにぎりより一回り小さいサイズ）に作ります。わが家で人気なのが「ツナマヨおにぎり」です。オイル無添加のツナ缶をマヨネーズで和えてご飯で包んで三角形に握ります。海苔にはこだわって全体を包み込みます。

おにぎり2個と唐揚げ3～4個、またはフライパンで焼いたフランクフルトソーセージ2個のセットは塾前ご飯や夜食としてよく登場しました。

「揚げおにぎり」もおすすめレシピの1つです。梅肉を入れたおにぎりを作り、30～40分間置いて表面を乾燥させます。これを油で表面がきつね色になるまで揚げ、どんぶりに入れ、上からあつあつのだし（市販のうどんスープでもかつおだしでもお好みで）をかけ、ネギをのせていただきます。寒い時季の夜食にぴったりです。

休日の昼ご飯によく作ったのが「ボンゴレスパゲティ」です。スパゲティを茹で、別のフライパンにオリーブオイル、スライスしたにんにく、小口切りした唐辛子を1本入れて熱し、アサリと白ワインを入れアサリの口が開くまで蒸し煮します。ここに茹であがったスパゲティを入れれば完成です。アサリをたっぷり使うとおいしくなります。ある時、いただきものの高級ワインがあったので入れてみたら、とびきりおいしくできました。子どもたちが「おいしい！」と言ってお皿に残っていたスープを舐めていた思い出があります。「ボンゴレスパゲティ」は塾から帰宅した時の軽食としてよく作りました。

父親の役割は、母親の話をひたすら聞くこと

お父さんの役割

中学受験で父親はどういう役割をしたらいいかとよく聞かれます。

わが家の場合、私が子どもの教育を１００％見ると決めていたので、夫は口を出すことはありませんでした。

時々、夜遅くまで勉強している子どもたちを見て、「かわいそうだ。早く寝かせてやれ」と言ったこともありましたが、「希望の学校に受からない方がよっぽどかわいそうよ」と私は説明していました。

ただ「塾や学校の送り迎え」や、「だれかが受験勉強中に他の子をプールに連れていく」など縁の下の力持ち的にサポートしてくれたことを感謝しています。

子どものことで家事が滞ってしまい、キッチンのシンクに食器が山盛り状態ということもありましたが、文句を言われなかったのもありがたかったですね。

他のお宅でも、「算数の勉強を見るのはお父さん担当」など役割を分けると効果がある場合がありますが、「受験時代の昔話」や「自慢話」になりがちだということも聞くのでなかなか難しい問題だと思います。

たいていのお父さんは子どもの成績が芳しくない場面で登場して、さらに混乱させてしまうことが多いようです。

日頃、子どもの勉強に参加していないのに、苦しい場面で急に登場するのは、子どもも困ってしまうのでは、ないでしょうか。

会社で言えば、現場を見ていない上司が、プロジェクトが進まなくなってからやってきて文句を言うのと同じことです。一歩引いて脇役に徹した方がいい結果になるのではないかと思います。

私がお父さん方にお願いしたいのは、子どもの成績が伸びないなどの困った事態になった時に、**お母さんの話をひたすら聞いてあげてほしいということです。**お母さんも受験のストレスを溜めているので、話を聞いてもらうだけでほっとします。その時も、具体的なアドバイスをするのではなく、ただ耳を傾けてくれるだけでいいと思います。

また最近、多いのが、「塾を変えた方がいいんじゃない？」などと口を出して、成績に一喜一憂する受験情報にくわしくなりすぎた父親です。

お父さんとお母さんが２人で子どもにアドバイスすると、子どもは逆にプレッシャーに感じてしまうので、注意したいですね。

第4章

科目別成績を上げる方法

国語は親が音読すればイメージがつかめる

国語・長文読解

国語は塾のテキストと、塾が副教材に使っていた『自由自在』（増進堂・受験研究社）で勉強しました。

教材に出てくる「長文読解」は問題文を私がいくつか音読していました。読み上げている間、子どもはリビングで寝そべって聞いています。全部読まなくても1問でも読み上げてあげると、子どももラクで楽しく宿題ができます。

音読すると親も「今はこんな勉強をしているのだ」とわかる効果もあり子どもと一緒に内容を楽しめます。いい文章だと読みながら涙ぐんだりすることもありました。

問題文は作品の一部だけが抜粋されているので、「この先は一体どうなるんだろう？」と続きが知りたくなり、本を買ったり図書館で借りたりして結末まで読んで、「そうなったのか！」と皆で盛り上がったこともありました。受験勉強には読書体験を豊富にする効果もあるのです。

問題文を読み上げたら、私はテキストを子どもに渡して家事をします。解き終わったら私が採点して、子どもが見直して終了です。

国語の長文読解を音読すると時間短縮のほか、イメージが膨らむ効果もあります。

音読して内容を耳から入れることで書かれた情景が思い浮かび、設問の意図がとらえやすくなります。２次元の世界が、３次元としてドラマのように立ち上がり、ありありと光景が思い浮かび、登場人物の気持ちやその場の雰囲気が理解できます。

音読する時は悲しい場面は悲しげに、嬉しい場面は楽しそうに女優さんになったような気持ちで読むといいと思います。なぜなら「この時の主人公の気持ちとして考えられるのは次のうちのどれですか」という設問などは、物語の山場や主題の部分を的確にたずねてくるからです。子どもは抑揚をつけて読まれた部分が山だとわかるので、問題文を渡されたらすぐに設問に取り掛かることができます。

このように楽しく問題文を音読していたのですが、子どもたちに読む力がついてくると、私が読む必要はなくなりました。

三男が6年生の1学期の頃。

「子どもたちが秋の野山で虫取りをしていて、ある男の子が鈴虫を捕まえる」という話を音読していました。「男の子は鈴虫を好きな女の子にあげたいのですが、なかなかあげることができずにいる……」という長文読解では有名な話です。

いつものように感情を入れて読んでいると、登場人物が多すぎて声色を使えなくなってしまいました。それを聞いていた三男が「もう1人で読めるからいいよ」と言い、その日からは自分1人でやり始めました。最初は読むのに時間がかかっていた子どもも、次第に読解力がついてすらすらと長文が読めるようになっていたのでしょう。


長文は音読するのが効果的と説明すると、「いつまでたっても子どもが文章を読む力がつかない」と言う人もいますが、決してそんなことはないと思います。

音読を聞いているうちに文章を理解する力も育ってきます。長文読解が苦手という子どもがいたら、その子に読解力がつくまで音読してあげると楽しく力がつくと思います。

国語の補足は、親が「新聞を要約して伝えること」

国語・長文読解

問題文を音読してあげた後で、大人の立場から少し解説してあげると子どもが理解するのに役立ちます。

中学入試の問題は、「評論文」、「物語文」、「解説文」が出題されます。

「評論文」や「解説文」は理論的に構築されているうえに専門的な語句が入っていて難しいものです。

テーマも「地球環境」や「高齢化社会」、「次世代の科学技術」など、子どもたちが生きている世界とは違う次元の話が出てきてイメージしにくい場合があります。

小説などの「物語文」も、登場人物の心情を読み解くことが難しいことがあります。

主人公が複雑な家庭で育ったり悲しい運命を背負っていたりすることが多く、12歳で社会経験の少ない子が想像するのは容易ではありません。

長文読解は読みながらイメージが膨らむかどうかがポイント。それまでの体験や日ごろ見聞きした事柄、知識がものをいいます。

しかし、ほとんどの子どもは経験が不足していて「問題文」と「自分の現実」がかけ離れている場合が多いので親の補足が必要だと思います。

当時、池上彰さんがＮＨＫ「週刊こどもニュース」に出演していてわかりやすい解説で評判になっていました。塾の先生にすすめられたのですが、わが家はテレビを見る習慣がないので、それはできませんでした。

その代わりに、私が新聞の中から興味を持った記事を要約して子どもたちに伝えていました。

「年金制度の改革」、「最新の科学」を紹介する記事から、「社会面のどろどろした殺人事件」まで私目線でピックアップします。

たとえば、大人なら年金についてだいたいのことがわかっていますが、10年ちょっとしか生きていない子どもにとっては遠い話です。

「年金というのはこういう制度でだいたいこれぐらいもらえて、こういうところが問題になっているらしいよ」とちょっと言っておきます。

入試問題に出てきてまったく知識がなくイメージさえ湧かないとなかなか問題が解けません。**予備知識があればあるほど、問題を解く手がかりがつかみやすくなります。**

勉強している子どもたちに、話しかけていると子どもたちはふんふんと聞いていました。

「ああまたお母さんが何か言ってるな」と聞き流しているような感じでしたが、私が感想を少し述べることも大事と思って続けていました。

ちなみにわが家では新聞は2紙購読しています。朝日新聞をメインに読売新聞と毎日新聞を交互に取っていますので、いろいろな視点から物事を見ることができて、おもしろいものです。

漢字、ことわざは完璧にできるまで繰り返す

国語・知識系

漢字の読み、書き取り、ことわざ、四文字熟語、和語、外来語などの知識系分野は100％の正答を目指しましょう。

わが家では、塾で配布されるテキストを何回も繰り返しました。市販のものでもいいと思います。

暗記は1人でしているとだんだん行き詰まってきて疲れますから、母子2人ですると精神的にラクに楽しく覚えられます。

たとえば母親が「悪いことはすぐ人に知れ渡る」とことわざの意味を読み上げて、子どもに「悪事千里を走る」と答えさせるやり方も効果的です。

覚えられなかったり、覚えたはずなのにテストで間違えたりした問題は、紙に書いて壁に貼っていました（144ページ参照）。

学習内容は完璧に習得するまで一つ一つ丁寧に確実にしていくことが大事です。

問題文について、母がインタビューして実力アップ

国語・記述式

国語で記述式が必ず出る学校、記述式の配点が多い学校を志望する場合はその種類の問題に慣れておく必要があります。記述式は子どもにとって難しいものです。書かれた事柄を理解できても、それを言葉で表現することはなかなかできるものではありません。

記述式が苦手な子はまず書く前に「話し言葉」で表現させるといいでしょう。親が子にインタビューしながら答えを口頭で言ってもらいます。たとえば「人物の気持ちを述べなさい」という問題の場合には、

母「この人はどう思ったかな？」、子「かわいそうと思った」、母「どのへんがかわいそうと思ったのかな？」と問答を重ねてだんだん核心に迫っていって、**最後に出た言葉をまとめて文章にするのです。**

このようにして慣れてくると最初から文章で表現することができるようになります。

計算を間違えたら拡大コピーしてやり直し

算数・計算問題

うちの三男の場合、筆圧が強いせいか字が荒っぽく、それがミスを誘発してあるとき計算問題10問のうち7問を間違えたことがありました。

灘中学入試の場合、最初の計算問題は、必ず正答を目指さなければならず、これを間違えたら確実に不利なのです。たいていの中学で計算問題が出題されるので、必ず得点することが大切です。

そこで、間違えた問題を1問ずつ拡大コピーしてノートに貼りつけて解かせました。**実は同じ問題でも大きくすると、細かなところまで気がいき届き、見やすく解きやすいので、ミスに気づきやすいのです。**

字が汚い子は計算式を書いていく途中で、書き写す際に間違えたり、消しゴムで消した文字が消しきれずに残っていて、消した字をまた書いたりするなどのミスが出ます。

長男が計算を解いてノートを見せたら、三男は自分の筆圧が強いことに気がつきました。

そこで、「字が汚いままだと合格しないよ」と言って1～2か月かけて筆圧を直しました。それからはきれいに書けるようになりました。


また、計算問題を大量にしていくうちに、慣れるに従って数字を崩して書く子がいますが、これも危険です。

狭い回答スペースの中で、数字を崩して計算をしていると、上の段で書いた数字と混ざり合って違う数字を書いてしまうことがあります。子どもたちは、それで間違うことが多かったので、私は「必ず数字の書き終わりははねずにトメること」とうるさく言っていました。

他のお子さんを見ても点数を取る子は、数字を崩さず丁寧に書いています。

ノートは100冊ストックして贅沢《ぜいたく》に使う

算数・ノート

算数の勉強は私が「特製ノート」を作って進めていました（次の項目でくわしく解説します）。

文章題や図形の問題は、解き方をあれこれ考えるので、ノートは広い面積が必要です。**解き方を工夫するには、思い切り考えられる広いスペースが必要なのです。**

「ノートの広さは頭脳の広さと同じ」と考えてください。広いノートで考えた方がよく頭が働きます。

式を立てて計算する時も、スペースが広いとミスが減ります。

ノートを広々と使えば解き方のプロセスもわかりやすいので、後で見ても復習しやすいのです。

ノートをふんだんに使うので、わが家ではイオンのトップバリュA罫（罫線が7㎜幅）を100冊ストックして次々に使っていました。

大活躍した算数の「特製ノート」

算数・ノート

算数は、私が作った「特製ノート」を使って勉強を進めていました（カラーⅢページ参照）。

灘中学の入試は、算数が難しいと言われていて、配点も多いのです。子どもたちが灘に合格できたのには、この「特製ノート」の効果もけっこうあったのではないか、とひそかに思っています。

「特製ノート」の作り方は次の通りです。

塾のテキストは数か月分をまとめてもらうことが多いと思いますが、受け取ったらすぐにこの特製ノートを作るようにしていました。

①塾のテキストの問題を全ページコピーします。字が小さい場合は、拡大コピーする

と読みやすくなります。

↓

②コピーした問題をはさみで切って、ノートの一番上に貼り込みます。

「計算問題なら1ページに数題貼る」、「文章題の問題は1ページに1題だけ貼る」などと式と計算を書くスペースを考えて、そのページだけで解きやすいようにノートを作ります。

問題の後ろにテキストの単元の数字を入れて、元のテキストを参照する時にわかりやすいようにします。

↓

③単元の終わりのページには「No.31終わり」などと書いておきます。

こうすると、1つの単元が終わったことがわかり、励みになるのです。

数か月分の問題を貼りつけると、約15～16冊ぐらいの「特製ノート」ができあがります。

新しい教材をもらったらすぐに私が作っていました。コピー機とはさみとのりを駆使して一気に作業します。数か月分のテキストをノートに貼り込むのに3日ぐらいかかりますが、作業としては意外に簡単です。

何でもそうだと思いますが、どれぐらいの量をすればいいのか先が読めない時に、人は不安になります。しかし、「特製ノート」が目の前にあり、どれぐらいすればいいのか「するべき量」が可視化できていれば、全体が見渡せて気持ちはラクになります。

ノートを全部子どもたちに「ハイ」と渡せば、あとは子どもたちが解くだけです。**問題と解答欄が1冊にまとまっているので、テキストと解答用のノートを見比べる時間が省けますし、ノート1冊と鉛筆があれば解けるので、気軽にこたつに入って寝ころびながらできるのも特徴です。**

また、もらったテキストには単元ごとにインデックスシールを貼っておきます（カラーⅢページ参照）。後で復習する時に、すぐに単元の場所がわかり時間のロスを防ぎます。

一連のノート作りは、子どもたちが学校に行っている間に私が家のリビングで楽しく作業していました。

長女が幼稚園に行っている時期は、長女を幼稚園に送っていき、そのままコーヒーを飲みながらお店でやっていました。はさみとのり、コピー、ノートを専用のバッグに入れ、テーブルに広げてチョキチョキしたり貼ったり、お迎えの時間まで2時間程度作業していました。

お店のスタッフは不審に思ったかもしれませんが、時間を有効に使うために考えた方法でした。

算数の「答えのページ」にはラインを引く

算数・答え

テキストの問題集の巻末にある「答えのページ」にも工夫します。

答えのページは、字が小さく答えがすぐに見つけられない問題集が多いのです。答えを見つける時間を短縮するために、私は答えのページに単元ごとに赤いラインを引いていました。こうするだけで、解答が見つけやすくなります（カラーⅢページ参照）。

そして、間違えた問題の答えには赤マルをしておきます。間違えた問題をやり直した時に答えをすぐに見つけるための工夫です。

このようにラインをちょっと引くだけで手間が省かれます。**時間の短縮と同時に気持ちの節約にもなり、勉強がはかどるでしょう。**

小さいことかもしれませんが、このような手助けをすることは、点数を上げるために見えないところで役立っています。

3分で解けない問題は答えを見る

算数・文章題

昔、私が受験生だった頃、

「わからない問題は1時間でも2時間でも考えること。解いた時の喜びで実力と自信がつく」

と言われました。

が、大量の宿題をやらなければいけない現在の中学受験勉強では、1問に1時間もかけることは無理です。

小学校から高校までの勉強は、問題が出て答えを出す形式です。それに対して大学以降の勉強は、どこにも答えがない問題を自分で見つけて研究したり実験したりして解きます。中学受験の問題は必ず答えがあります。日頃は出された問題の解き方を覚えながら進むことも大事です。

私は3分考えて解き方がわからなかったら、先生に聞くか、答えを見なさいと教えていました。塾の先生も同じ考え方でした。

①3分考えてもわからない
②解き方を見て理解して
③自分でも解く。

これが私が考える中学受験のやり方です。自力でわかるまで解かないといけないと思い込むのは、正しい場合もありますが、日頃の勉強では効率が悪すぎるのです。

1時間かけて考えてもわからないでその科目が苦手になるくらいなら、答えを見て解法を理解し、次から解けるようになる方が効果があがります。

わからなかった問題でも、次に出題された時に解き方を思い出しながら解けばいいでしょう。再度、間違ったら見直して解けるようにしておきます。

訓練によって問題のパターンに慣れていくのが中学受験の算数です。1学期に解けなかった問題も、夏休みには解けていたということがよくあります。

星座は実際に見せると覚える

理科・勉強法

理科は主に「生物などの暗記系」と「化学、地学の知識を問う問題」、「物理の計算（化学、地学でも計算問題が出ることがあります）」に分けられます。

○生物

うちの子どもたちは植物名が苦手でした（特に男の子に多いようですが）。私がガーデニングを趣味にしていればよかったのですが、そういうこともなかったので、植物図鑑で確認して暗記しました。わが家で活躍した図鑑は『小学館の図鑑ＮＥＯ　植物』（小学館）です。

○化学

実験の結果を問う問題は、実験の写真を見せるのが一番です。

市販の「理科事典」などで「鉄が燃焼する色」、「リトマス紙の色」などをビジュアルで見せるとわかりやすいでしょう。

○地学

月の満ち欠けや星座の問題は、夜、星座盤を持って外に出て「あれがオリオン座」、「あれがカシオペア座」と確認しました。

教科書に出てくるものが実際にあるとわかって、母子とも感動しました。

さすがに「地層」を見に行くまではできませんでしたので、そこは長男が中学で使ったサブテキストの資料集に出ていた写真で確認して覚えました。

○物理

難関校の物理はとても難しく知識だけで解ける問題はなく、応用力がものをいいます。特に母が手助けすることはなくすべて塾にお任せしていました。

範囲が広い理科は特製「苦手克服ノート」で確認する

理科・苦手分野

灘の理科の入試は「生物系の覚える分野」もありますが、せいぜい入試に換算すると10点分ぐらい。あとは「物理や化学、地学などのほとんど算数に近い、計算問題」が多くなります。

どの中学校でも、理科は範囲が広いのが特徴です。植物から天文までまるで違うジャンルのことを勉強しなくてはいけないので、どうしても苦手な項目が出てきます。

対策として私は苦手項目だけのノートを作りました。

長女は天文分野が苦手でしたので、天文分野だけ間違った問題をコピーしてノートにまとめました。作り方は次の通りです。

①大学ノートの右ページに問題のコピーを貼りつける。

←

②問題文の中の読み間違えた個所をマーカーで囲んで、間違えた理由を書く。カラーできれいにしてもいいし、シールを貼ってもいい。

↓

③次のページに答えを貼る。

このノートは、どこで考え方を間違えたかを確認するのが目的です。これを見て問題を解くことはありません。答えを貼るのも確認のためだけです。もし植物が苦手だったらテキストをカラーコピーしてノートに貼るのもいいと思います。

算数の場合も同じです。問題文を貼って「読み間違えた個所・考え違いをした個所」に印をつけておけば、次回からは気をつけて問題を解けるでしょう。各自の「ひっかかりポイント」をわかっておくことで次はひっかからずにすむのです。苦手分野が急に得意になることはそうはありません。どこが間違えやすいかを知っておくだけで余計な減点が防げます。

間違えた知識問題は、壁に斜めに貼って覚える

理科社会苦手対策

間違えた理科や社会の知識問題は、紙に書いて壁に貼っていつでも見えるようにしておきました。見やすいA4ぐらいの紙にマーカーで書いて、勉強部屋の壁やトイレにも貼っておきます。

コツは斜めに張ること。見て違和感がある方が心にひっかかって覚えやすいものです。水平に貼るとリビングの景色に溶け込んでしまって心に残りにくくなります。

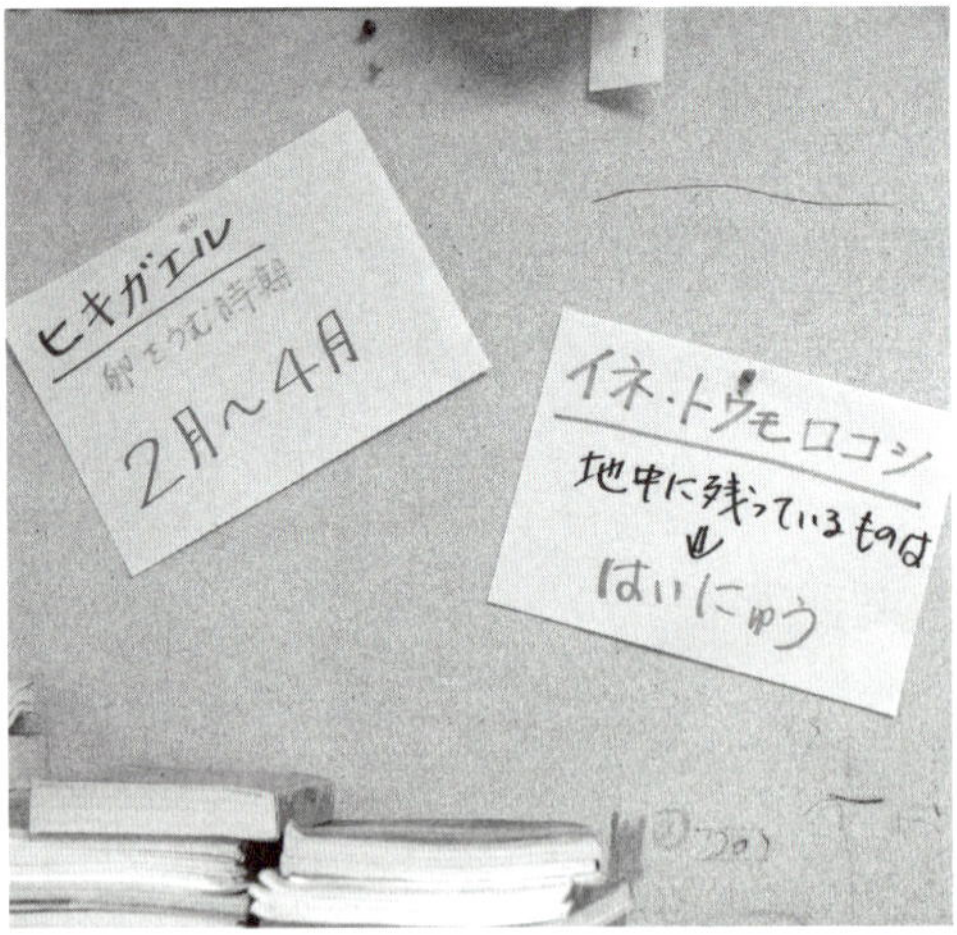

斜めに貼ると記憶に残りやすい。一時期は家中がこんな状態に……。

理科のテストは、1冊に綴じて何度も見直すべき

理科・テスト

理科の問題は同じような問題が繰り返し出題されるのが特徴なので、前に受けたテストは保管しておきました。

クリアファイルに入れておくと紛失しやすく、バネで閉じるタイプのファイルだと見にくいので、いろいろ考えた結果、ルーズリーフにして綴じていました。

文具店で売られているゲージパンチ（次のページの写真は「ゲージパンチ・ネオ」カール事務器製）で穴をあけ、ルーズリングで綴じれば完成。色とりどりのリングを揃えて見た目を楽しくしていました。


模擬試験など大きなテストの前にはこれを見直して臨みます。

理科だけでなく他の科目も同じようにしてファイルして読み返すといいでしょう。

また、塾に行くと、ノートを取りながら授業を受けますが、ノートは使い終わって

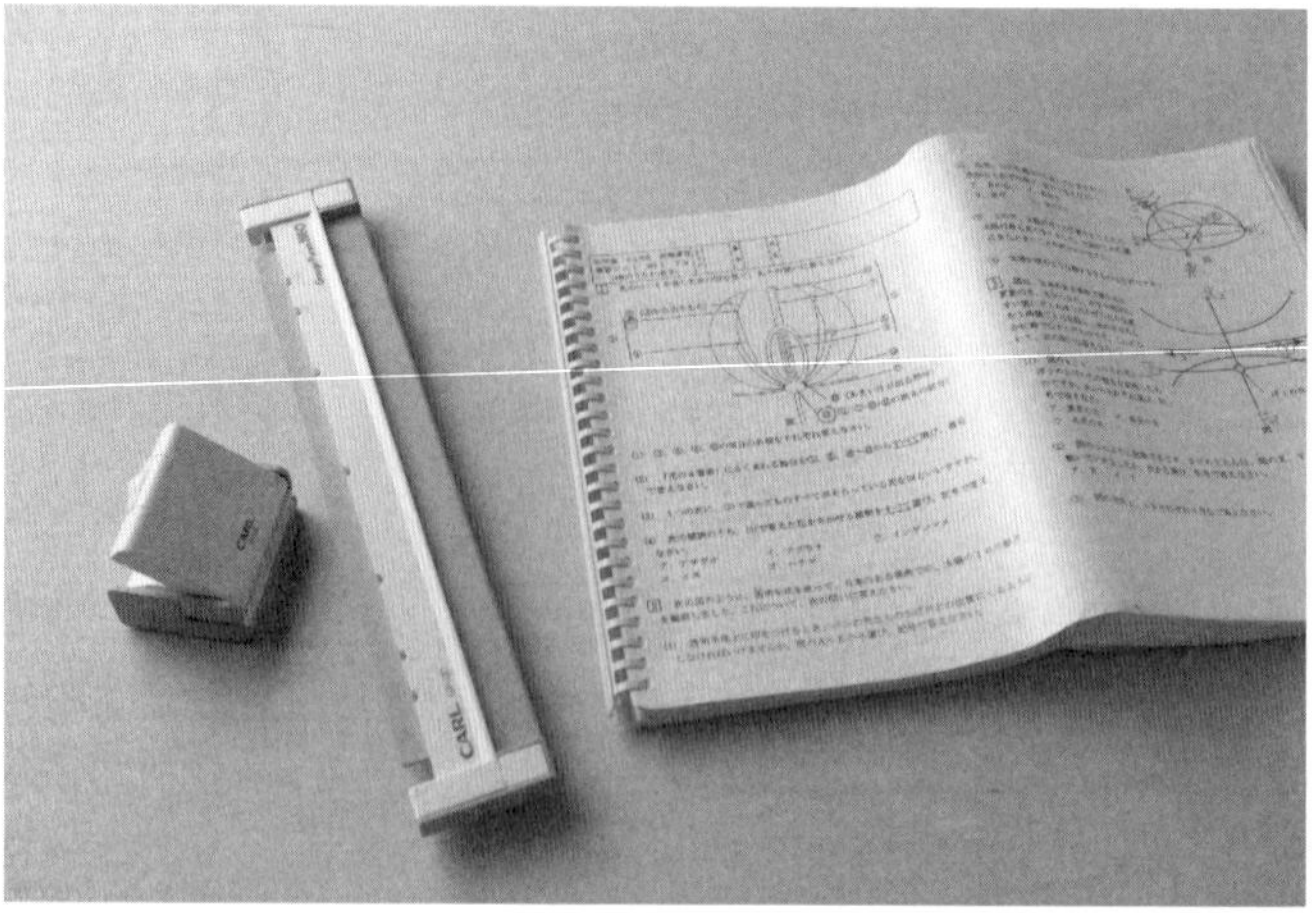

テストは復習の教材として活用。このように穴をあけてリングで閉じると、自家製ルーズリーフの完成。めくりやすいし、復習したいところを探しやすい。

も受験本番が終わるまで残しておくと便利です。理科や社会などは6年生になっても4年生で受けた授業を見直すことがあるからです。

私は科目ごとにノートを数冊まとめて、背表紙にガムテープを貼り、合本にして保存しておきました。

こうするといつでも見返して復習することができます。

地理の知識は「るるぶ」で覚える

社会・参考書

社会は覚えなくてはいけない事柄が多い科目です。しかし、中学受験の社会の暗記項目は膨大で、覚える作業が単調になりがちです。そこで、いろいろなツールを使って楽しく覚える工夫をしていました。

地理は旅の情報誌「るるぶ情報版」（ＪＴＢパブリッシング）を見てビジュアルから入ります。

小学生にとって地理は覚えにくい科目です。経験の浅い子どもにとって、行ったことのない街の歴史や特産物をイメージするのは困難です。

また、わが家ではテレビを見ないので情報番組でよく紹介される「日本三大祭り」などの季節の行事にうとかったのです。

塾のテキストもモノクロなのでなかなかイメージがつかめないのですが、「るるぶ

情報版」だと県別に地理、土地の名産品がきれいな写真で展開されているので、

「おいしそうだね。この県はマグロが特産品なんだね」

「入試が終わったら行きたいね」

などと言いながら楽しく覚えることができました。


このようにビジュアルから覚える工夫をしながら、**宿題やテストでは社会科の漢字がしっかり書けているかをチェックします。**

たとえば、「新潟県」の「潟」など間違える個所は決まっています。間違えやすい固有名詞はしっかりお母さんが確認しておきましょう。

日本史の流れは漫画で覚える

社会・参考書

日本史もビジュアルで覚えるとすらすらと頭に入ります。

わが家では日本史の学習漫画を全巻買って置いておきました。買ったのは『学習まんが　日本の歴史』（小学館）と『学習漫画　世界の歴史』（集英社）です。

次男の灘の同級生にとびきり日本史ができる友だちがいましたが、その子にどうして歴史が好きになったのか聞くと、「歴史漫画が楽しくて何回も読んでいるうちに得意になった」と言っていたそうですから、効果はお墨付きです。

漫画の良い点は当時の服装や時代背景など細かい点が画像として入ってくるので、イメージしやすいところです。子どもたちは食事の後などにリビングでごろんと寝ころびながら読んでいました。中学以降はテストの前に該当する部分を再読して、覚えたことを漫画で確認することもありました。

注意しないといけないのは、アニメや漫画のキャラクターが主人公になっていて、

「キャラクターと一緒に学ぶ○○」方式の参考書です。キャラクターの個性が強すぎて内容が頭に入ってこない場合があります。わが家ではほとんどこの系統の参考書は買っていませんでした。

日本史の苦手な長女が利用したのが、日本史の年号を語呂合わせで覚えるCDです。このCDを塾の送迎の車の中で流しました。歌に乗せて語呂合わせで年号が流れてくるので、2人で歌いながらあっという間に覚えてしまいました。日本史のミニ知識が載った冊子もついているので勉強になります。年号語呂合わせのCDはいろいろなものが市販されていますが、長女が使っていたのは、主な年号だけ約30個が収録されているもの。少ない数なのですぐに覚えられました。

多くの年号が収録されているCDもありますが、中学受験の日本史の年号は細かい出来事まで覚える必要はありません。「大化の改新」、「平安京遷都」、「鉄砲伝来」など主だった年号さえ覚えておけば、その間に起きた出来事は授業で習った内容や漫画で覚えたことと合わせれば推測できるので、「次の事件を年代順に並べなさい」という問題にも対応できます。

社会の暗記は、母特製「必殺ノート」で攻略

社会・暗記対策

社会では、テストで間違えた暗記項目を選び出して、ノートに書いて暗記していました。

暗記というと、「小さい紙束にリングがついている単語カード」を使う方法を思い浮かべるかもしれませんが、私は、大きいA4のリングノートに暗記項目を書き込んでいました。

これが母特製「必殺ノート」です（カラーⅢページ参照）。

このノートを子どもが食事をしている時に私が次々とめくっていきます。「食事をしている時にも勉強？」と思うかもしれませんが、食事タイムはリラックスしているので頭にスッと入りやすいのです。

わが家の長女はゆっくり食事するタイプなので、食べている時に時間をとれて効果

がありました。

大きな紙だとダイナミックにめくれるので達成感があります。長女はこのノートで社会の暗記項目を攻略しました。

ノートを作る時のコツは、問題をいろいろな色で書くこと。

このため、私はいろいろな色の水性マジックを揃えていました。

たとえば、「天保の改革」→「水野忠邦」は緑色で書いて、その暗記項目の色が思い浮かんでくるようにします。

ペンの色だけではなく、時にはシールを貼って楽しんでいました。

食事の最中に使ったカードなので、『元寇』の問題の紙におそうめんのつゆが飛んでついていたっけ」ということから答えを思い出すこともあり、記憶のきっかけになります。いろんな角度から記憶をよみがえらせることが大事です。

間違えた問題を書き込むノートなので、楽しくなるように表紙はきれいな色のものを使います。

社会、そして理科などの知識系の項目は楽しく、ビジュアルを使って覚えるのがコツです。

また、社会は地理でも歴史でも、「写真」や「統計」、「グラフ」、「地図」で出題される問題が多いのが特徴です。勉強する時に図と一緒に覚えましょう。

たとえば、「気候の問題で降水量のグラフが出て、都市名を答える問題」や、「港の輸出入品目が統計やグラフになっていてどこの港か答える問題」の場合、グラフや統計には「冬の降水量が多かったら日本海側」、「車の輸出が多かったら名古屋港」というようにポイントがあるのでそこを押さえます。

「必殺ノート」にグラフを貼って、ポイントになる部分をカラーサインペンでマークしておくと間違えません。

第5章

入試本番までの目標設定と時間割

勉強の目標設定

理想は入試4日前に「思い残しゼロ」にすること

合格するために大事なのは、「試験前日までに、勉強について思い残したことがない状態にもっていく」ことです。

「あの分野から出題されたらどうしよう」と不安になることなく、「するべきことはすべてやった」と思えたらもう合格したも同然。

前日、できれば4日前までに「もうすることがない状態」までもっていくように、逆算して学習計画を立てるのが理想です。

この章では4年生から6年生の受験前日までの、勉強の目標について解説します。

学年別の目標

4〜5年生で塾に慣れて宿題をこなせるようになる

実力を積み上げるには塾のカリキュラムをすべて理解することが最善で最短の方法です。

4〜5年生で、塾の宿題をきちんとこなせる生活スタイルを身につけましょう。

宿題が終わらないままで次の授業の日を迎えることになると、科目自体が嫌いになってしまいがちです。

また、前日になってあわてて宿題をすると、授業から1週間たっているわけですから内容を忘れていることが多いでしょう。

授業の前夜になって、

「まだやってないじゃないの。何やっているの」

と怒らなくていいように、3分の1ずつ宿題をこなしていけるようにお母さんが時間割を作ってあげると、ラクに終わらせることができます（77ページ参照）。

４年生は計算力と漢字力をつける

学年別の目標

４年生は塾のスケジュールもまだゆったりで、宿題も少ないので通塾に慣れることを目標にします。

勉強面で大事なのは基礎学力をつけることです。

算数では計算力をつけることが第一目標です。計算力は文章題にも効果があるので５～６年生になって効き目が出ます。

国語では字をしっかり書くことを目標にします。漢字のトメ、ハネ、ハライをきちんと身につけましょう。漢字をあやふやに覚えていると、漢字問題だけでなく記述式問題でも減点になります。

理科は、植物の名前、虫の名前や構造などの基礎事項をしっかり覚えます。事典や図鑑を使って視覚で覚えるのが確実です。社会は、都道府県名・県庁所在地、山地・山脈などの基礎事項を覚えましょう。

5年生は急激に増える学習内容についていく

学年別の目標

5年生は自分の力を最大限に伸ばす、中学受験では一番大事な時期です。

6年生になって急に成績を上げるのはなかなか難しいので、5年生でがんばりましょう。

学習内容が急激に増えますが、することは4年生と同じです。**①塾の授業を受け、②宿題をして、③テストを受けて見直しをする。この繰り返しです。**

成績を急激に上げる秘策や裏技はありませんから地道にすることが大事。子どもの性格によっては地道な繰り返しに飽きる子がいますし、親も「いくら勉強しても成績が上がらない」と焦ることがあるでしょう。しかし、コツコツとやっていれば必ず実力がつき、成績が上がります。

「鉄板の実力」を積み重ねる方法（86ページ）をもう一度読んでみてください。

6年生は5つの期間に分ける

学年別の目標

いよいよ6年生です。6年生は5つの期間に分け、テーマを意識して勉強します。

○1ターム＝5年生の2月、3月
○2ターム＝6年生の4月、5月、6月
○3ターム＝7月、8月
○4ターム＝9月、10月
○5ターム＝11月、12月～受験本番へ

それぞれのテーマは次のように考えます。

○1ターム（5年生の2～3月）＝苦手をなくしましょう

春休みがあり時間的、体力的に余裕があります。集中して勉強して実力を積み上げておきましょう。

塾では6年生の授業が始まって、新しいことを習いながら復習するので慌ただしくなりますが、落ち着いて目の前のことをこなしていけばいいと思います。苦手な項目はこの時期までになくしておきます。

この時期に苦手と感じる項目は根が深いので、わかるところまで何年生まででも戻って復習します。実際にはまだ5年生という心の余裕があるうちに復習します。

○2ターム（6年生の4〜6月）＝夏休み前までに、これまでの学習内容を復習して確実にしておきましょう

私はいつも「勝負は7月まで」と言っています。7月までにこれまでの履修事項を習得して、不安な部分、できていない部分をなくした状態で夏休みを迎えます。

8月以降になると親子とも焦り始めますが、7月までは子どももまだのんびりしている時期。精神的に余裕のあるこの時期までにやるべきことをしておきましょう。

○3ターム（7〜8月）＝実力レベルを上げましょう

7月までに勉強したことをレベルアップさせる時期です。

夏休みは勉強する時間がたっぷりあるので、より高度な問題に取り組むことができます。夏休みは親子ともども焦る時期です。しかし、むやみに焦らず、落ち着いて目の前の課題に取り組むようにしてください。

○4ターム（9〜10月）＝志望校に向けた勉強を始めましょう

受験が現実として見えてくる9〜10月は親も子も焦りがピークを迎える時期です。

志望校を決め出題傾向を探りましょう。照準が定まることで焦りも解消されます。過去問に着手し始めるのもいいと思います。わが家では三男がこの時期に過去問を解き始めて自信をつけました（96ページ参照）。

○5ターム（11月〜入試）＝仕上げをしましょう

過去問をして仕上げる時期です。

過去問は5〜6年分すると自信になると思います。

夏休みの時間割は母親が作るべき

夏休みの過ごし方

夏休みはこれまでしてきたことをレベルアップさせる時期です。一日一日を大切に過ごしましょう。

ただし、夏休みといってもすることは同じです。

カラーⅣページの写真は、長女が６年生の時の「夏休みの時間割」です。塾からもらったプリントに私が記入したものです。このプリントはとても優れていると思い、３日間練りに練って時間割を作りました。「塾の授業がある日のために、いつ宿題をするか」など、無理のないように自宅学習の時間を確保して記入するのが一苦労でした。

家庭によっては時間割を作らない方や、お子さんが作る場合があると思いますが、子どもが作ると緩くなりがち。親が作った方が食事や睡眠など生活全体を見渡して作成できます。**一度作ってしまえばこの通りに実行すればいいのですからラクです。**

わが家ではコピーして本人と私が1部ずつ持ち、その日のするべきことを確認しながら進め、終わった日には×印を記入して1日ずつこなしていきました。夏休みはこれなしでは生きていけないくらい大事な指標でした。

ポイントは次の通りです。

○睡眠を取るため、起床は遅めの7時半過ぎ。朝食を取って2~3時間勉強して夏期講習に行き、引き続き平常の授業を受けて帰宅。

○家庭学習の基本は塾の宿題です。何を勉強するかは、その日ごとに私が書いて本人に渡します。

○「早朝」と書いてあるのは塾に行って先生に見てもらいながら塾の宿題をする「早朝特訓」で、これに行くと塾の宿題ができるので利用していました。

○お盆の2日間はお休みです。これは長女のみで男の子3人はこの期間も塾の模試が入っていました。

小学校の宿題も出ていますが、計算問題などは塾の夏期講習が始まる前に終えておきます。その他の宿題は空いている時間に、少しずつすませておくといいです。

答案は先生に対する敬意を持って書く

答案の書き方

私は受験日程が見えてくる6年生の2学期に、どのような心構えで答案を書いたらいいかを子どもたちに話していました。

受験する学校の先生に対して、「私は一生懸命に答えを書きましたので、どうぞ採点してください。お願いいたします」という敬意が表れた字で答案を作成しなくてはいけないと伝えました。

敬意を表すのは採点する先生に対してだけではありません。これまで勉強してきた自分への気持ち、指導してくれた小学校や塾の先生、また勉強をさせてくれた親への感謝も込めて書こうと思うと、乱雑な字は書けないものです。自然に丁寧な字が書けていい答案ができあがります。大げさかもしれませんが自分の人生に責任を持つ気持ちで書いてほしいと思います。そんな答案を書くには心の余裕が必要です。余裕を持って答案用紙を仕上げられるようになるまで勉強することを目標にしたいものです。

入試直前に作る「特製日めくりカレンダー」

入試直前

中学入試は東京・関東地域は主に2月から、関西地域は1月中旬から始まります。入試直前は出願書類を出すなど、親にとって決して忘れてはいけない事務手続きの多い時期です。

私は日めくりカレンダーを作って忘れないようにしました。入試日の前後は卒業式に向けての準備など小学校の行事も多い時期で、4人の子どもがいるわが家は毎日することがたくさんあり、大事なことを忘れないようにしたのです。

日めくりにしたのは手帳より目立つからです。

A4の紙1枚を1日にあて、「12月○日　A中学　願書提出」など記入して壁に貼っていきました。

こうするとその日にするべきことが一目瞭然で、不安にならずにすみました。

入試直前

親と子の緊張の解き方

冬期に入学試験がある日本の受験で一番の大敵は風邪、インフルエンザです。**わが家では毎年必ずインフルエンザの予防注射を欠かしません。**

受験勉強の目標は「４日前にすることがなくなっていること」と述べました。理想を言えばこの１週間に体を休めてゆっくり過ごせるように、それより前の期間にがんばることだと思います。

長男の場合、直前の１週間は家で探偵小説を読んでいました。ごろごろしているので心配になって、塾に相談の電話を入れました。

すると事務の方が、

「佐藤君はどの学校も受かります。それでも入試直前はストレスを抱えているものなので、ゆっくりさせてください」

と言ってくださいました。

嬉しかったのは「どこでも受かる」と言っていただいたこと。「あっ、受かるんだ」と受験と合格が現実化してきました。

入試直前は何があるかわからなくて気を抜けないものですが、そう言ってくださって不安が和らぎました。

むしろ緊張していたのは親の私かもしれません。

入試が近づいてきた12月頃。「入試当日の朝に寝過ごした」という夢を見ました。朝起きたら10時！　飛び起きて、周囲を見渡すとまだ明け方です。「夢だった、よかった！」と胸をなでおろしましたが、そんなことが3回ありました。

親が緊張していると同じように子も緊張してしまいます。なるべくリラックスを心がけてください。

募集要項・願書は2部用意する

入試直前

入学願書は2部もらっておくといいでしょう。書き損なうことが多々あり、再度請求すると時間がかかり、焦りに繋《つな》がります。最初から予備があると安心です。

募集要項も2部取るか、コピーして夫と1部ずつ持って情報を共有するとミスが防げます。これは私の苦い経験から得た教訓です。長男の入試で、ある中学の入学一時金を払うのを忘れそうになったのです。私なりに募集要項を隅々まで読んだつもりでいたのに、払い込みの日だけ覚えていなくて、はっと気がつくと締め切りの3日前でした。幸い、夫が気づいてくれたので、慌てて2人で銀行に走りました。受験日と合格発表の日にばかり気がいっていて、入学金の払い込み日をカレンダーと手帳に記入し忘れていたのです。私のようなミスを未然に防ぐためにも、皆さんは募集要項を最後まで読んでカレンダーや手帳にしっかり記入してくださいね。ご主人にも要項を読んでもらって2重に確認するといいと思います。

受験の年は「お正月気分」はNG

入試直前

わが家では、だれかが受験という年のお正月には、おせち料理は作りません。おせちを作るとお正月気分になり、楽しい雰囲気になってどうしても気持ちが緩みますから、元旦からいつもと同じメニューのご飯にします。

私も手間のかかるおせちを作らなくてすむので、ラクという面もありますね（笑）。クリスマスもいつもの日のように過ごします。

私は家族の誕生日とクリスマスの年7回、イチゴのショートケーキを焼くことにしていますが、だれかが受験の年はクリスマスのケーキは焼きませんでした。

お正月もクリスマスも、受験生にとっては入試直前のとても大切な時期。普段通りに生活するのが受験生にとって一番いいと考えています。

ゲン担ぎが逆効果になる場合がある

入試直前

ゲン担ぎする人は、逆効果になる場合があるので注意しましょう。

知り合いのあるお母さんが、「赤は開運の色だから試験の日は赤い服を着る」と決めていました。いつもどこかに赤い色の衣服を着ていたのですが、ある試験の日にうっかり赤を着忘れてしまい、動揺してしまいました。親の動揺は子どもに伝わりますのでゲンを担ぐ時は慎重にしなければなりません。できればゲン担ぎはしない方がいいかもしれません。

私は何もしませんでしたが、ママ友から「きっと勝つ」にちなんだチョコレート「キットカット」をいただいた時は、ありがたくいただきました。寺社にお参りに行く人もいますが、風邪をひかないように細心の注意が大切です。

入試直前

入試1日前に必ず用意しておくもの

入試の前の日までに忘れ物がないように準備しておきます。

まず、受験票です。**筆記用具は2セット用意しておくと安心です。**筆箱にシャープペンシル4本と替え芯、消しゴム2個、定規が必要な学校なら定規を入れます。シャープペンシルは芯が入っているかチェックします。

落とした時などために同じ中身の筆箱をもう1つ用意すると安心です。以前使っていた筆箱やシャープペンシルなど古い筆記用具をセットしましょう。受験中に消しゴムを落とすとなかなか拾えないので、わが家では念のためにポケットに1つ入れておきました。合計5個の消しゴムを持参することになります。これで準備は万全です。

腕時計も2つ持っていきました。電池式なら新しい電池に入れ替え、ソーラー式の場合は充電されているかチェックしましょう。

第6章

志望校の決め方

志望校の選び方

第1志望は偏差値で決める

私は志望校選びの基準をはっきりさせています。

それは、「その子が手の届く中で一番偏差値の高い学校を第1志望にする」ということです。

前に塾は雰囲気で決めるといいと述べました（47ページ）。

しかし、志望校の決め手は偏差値だと思います。

逆ではないかと言う方もおられるかもしれませんが、子どもが一生懸命がんばって、精一杯手を伸ばした偏差値の学校を選ぶのが、最良の選択だと思います。

灘中学を志望した意外な理由

志望校の選び方

わが家は3人の男の子が全員灘中学に進学しましたが、最初から灘中学を第1志望にしていたのではありません。それがなぜ灘になったのかその経緯をお話しします。

理科や社会などの小学校の授業の補充を目的にして、長男が進学塾「浜学園」に入ったのが小学4年生の時。浜学園は兵庫県西宮市に本校があり、「灘と言えば浜学園」というように、灘中学を目指す子が多い進学塾です。奈良の教室に通う私たちの耳にも自然に灘という言葉が聞こえるようになりました。

私も灘がマスコミで、進学校としてよく紹介されていることは知っていましたが、遠いこともあり馴染みがありませんでした。

でも、どんな学校なのか知りたくて体育祭を見学に行きました。当時5年生だった長男は模試で行けず、4年生の次男と2年生の三男と幼稚園児の長女を連れてぞろぞろと行きました。

体育祭真っ最中の学校は「うおー」という声変わりした男の子の声がしていかにも男子校という感じです。超進学校と聞いていたので、エリート然とした子どもがたくさんいるのかなと偏見を持っていたのですが、みんな親切で、体育祭も真剣にやっていて楽しそうでした。今は中止になったそうですが騎馬戦が名物で、勢いあまって脳《のう》震盪《しんとう》を起こしたり骨折したりする生徒がいるため例年、救急車が待機している時もあります。「元気があって、いい学校だなあ」と思いました。

しかし、自宅から通学に1時間40分もかかり、遠すぎると思いました。奈良には進学校として有名な私立中学があり、近くて校風もいいのでそこに行けたらいいと思っていました。長男と「そこなら忘れ物をしてもすぐに渡しに行ってあげられるね」と話していました。

長男が5年生の時に、灘中学の学校説明会に行きました。

超進学校なので学校側も上から目線の説明会かもしれないと思って行ったのですが、説明に出てこられた先生がさわやかな先生でした。しかも、募集要項と一緒に「灘高せんべい」という神戸凮月堂製のオリジナルのおせんべいが配られました。「当校は文化祭と体育祭が二大イベントです」と、文化祭の「美女コンテスト」（男子校なのでつまり女装コンテストです）のビデオが上映されましたが、東大への合格数など進学のことは一切おっしゃいませんでした。この説明会をきっかけに私は一気に灘に魅力を感じ始めました。

当時は統一入試ではなかったので、長男は５校（灘中学、奈良の私立中学２校、京都の私立中学２校）を受験して全部合格し、灘中学に入学しました。

兄が行き始めた塾が楽しいと聞いて、「僕も行きたい」と次男、三男が盛り上がったのと同じく、長男が楽しそうに中学生活を送るのを見て後の２人も「僕も灘に行きたい」と次々に言い、幸いにも合格したのがわが家の中学受験ヒストリー。それが数年後に３人とも東京大学理科Ⅲ類（医学部）に進学したことに繋がりました。

学校説明会で校風がわかる

志望校の選び方

学校説明会でその学校の校風や雰囲気がわかります。

真っ先に大学合格者数を提示する学校は勉強をハードにさせる進学校の可能性があります。進学校の中でも比較的休日が多い学校もあり、マイペースで勉強したい子にはそんな学校が向いているかもしれません。

仏教系、キリスト教系など宗教法人が設立した学校も独特の校風があり、子どもに合っているかを見たらいいでしょう。

説明会の案内役としてお手伝いしている生徒の様子からも校風がわかります。のんびりした学校なのか文武両道を目指しているのか、雰囲気を確かめましょう。

入試問題に良い問題を出している学校は先生が優秀な証拠です。入試問題の平均点が毎年変化しない学校も信頼できます。くわしいことは塾の先生に相談して、子どもに合っている学校を選びたいものです。

女子も偏差値で決めていい

志望校の選び方

女の子の志望校選びは、男子とはまた違った価値観が入ってきます。

わが家の長女の中学受験で感じましたが、塾の進学説明会に行くと男子とは雰囲気が違いました。お母さん方は偏差値と同時に校風や学校のブランドを重視するのです。「制服や帽子があるのか」、「通学鞄はどんなものか」を気にするお母さんもいます。「通学時間の短さ」や、「家の沿線にあって通いやすいかどうか」、はたまた「おばあちゃんの母校だから入れたい」という人もいました。「女の子だからがむしゃらに勉強しなくてもいい」、「いい雰囲気の学校に通わせたい」と考える保護者も多い感じがしました。

6年間通うのですからたしかに学校の雰囲気は大事です。ミッション系か仏教系か、良妻賢母系か大学進学重視か、歴史や建学の精神が違うと校風もまるで違うので迷うのもしかたありません。

おばあちゃんやお母さんの母校だからとか、いろいろな大人の思い入れもあるかと思いますが、まず受験生の意見を聞いてあげてください。

いろいろな要素があり悩むのであれば、男子と同様精一杯がんばって手が届く偏差値の学校を選んだらどうでしょうか。

子どもが6年間楽しく学べる学校を選ぶには、まず子どもが納得することが大事です。

共学か男子校（女子校）かも偏差値で

志望校の選び方

最近、全国的に共学の学校が増えていることもあり、共学か男子校（女子校）かで迷う家庭があります。

今後は女性の社会進出が盛んになり男女で仕事をする機会がますます増えるため、男女一緒に学生生活を送る方が異性の考え方や感じ方を知ることができていい、という意見があります。

反対に中高6年間は異性の目を気にせずにのびのびと学生生活を送った方が個性を生かせるから、男子校や女子校の方がいい、など意見はいろいろです。

私は子どもたちの学校を選ぶ際に、共学かどうかはあまり問題にしませんでした。それぞれの子どもが手の届く範囲の学校の中から選びました。

通学時間は1時間40分が限度

志望校の選び方

ひたすら偏差値で志望校を選んできたわが家ですが、通学時間については考慮しました。

理想は1時間以内です。しかし、わが家から灘中学・灘高校までは1時間40分かかりました。3人を6年間通わせてみた経験から言えばこれが限界です。

灘中学入学後、先生から「1時間40分も通学時間がかかるとその分、勉強する時間が少なくなりますので東大理Ⅲは難しいかもしれませんよ。佐藤さん、近くに引っ越ししてきたらどうですか」と半分冗談ですすめられて、一瞬考えましたが、夫の仕事場が奈良にあり、やはりここを本拠地にしたいと思って断念しました。

長女が中学受験する時に、志望校候補の中に通学2時間超という学校があり、いい学校でしたがさすがにあきらめました。子どもの健康や生活を考えたら、現実問題としてやはり通学時間の考慮も必要です。

偏差値のランクを落とす必要はない

志望校の選び方

「ギリギリの成績で入試を突破しても、入学後に落ちこぼれる可能性があるので中学選びはほどほどの学校に行くのがいい」という意見を聞きます。

第1志望に合格したものの、結局は勉強についていけずに、せっかく入学した学校がおもしろくなくなり、不登校になったり、成績がおもわしくなくなったりするから、本人のためによくないという論理です。

私は、「入学後にいい成績が取れないかもしれない」という理由で、合格する可能性を捨てて、入試直前にランクダウンして受験する必要はないと思います。ランクを落としたからといって、その学校で上位の成績を取れるほど現実は甘くありません。

入試で合格最低点だったけれど入学後、成績上位になった生徒もいますし、逆に優秀な成績で入学したのに卒業する時は席次が下がってしまった子もいます。

これればかりは、入ってみないとわかりませんが、1つ言えるのは本人の気持ちの持ち方次第だということです。

入学時に成績が悪かったならば勉強すればいいのです。

親は中学での成績が下位でも嘆かず、叱らず見守り、はげましてください。

本人も最初の順位は気にせずに、6年間でするべき勉強をし、地道に努力すれば、次の大学合格への道は必ず見えてきます。

第1志望をあきらめるタイミングは？

志望校の選び方

６年生は実際の入試を想定したブラッシュアップの時期です。宿題も膨大で難しくなります。

私の考えですが、**もし６年生になっても成績が伸びなかったら、志望校を変更するのもいいかと思います。**その子に適したいい学校はたくさんあります。

もし、子どもが６年生になっても第１志望校にはとても届かない、そこへ行く道が見えてこないとわかったらスパッと方向転換するのがいいと思います。

受験は終わったらそこでノーサイド、中学に入学してからまた再スタートです。

たとえば中学受験では算数が苦手だった子も、小学校の「算数」と中学の「数学」はまた別の分野なので、「数学」が得意になる可能性が充分あります。

中学高校の６年間で、「勉強の積み重ねや努力」をすれば、「数学」は得意分野にすることができます。つまり中学受験では第１志望に届かなかった子でも、中学高校での「積み重ねや努力」で、充分に逆転は可能なのです。

第1志望に執着せずに次の6年間を考える時期が6年生だと思います。

具体的な数字を挙げて言えば、あくまで私見ですが、**6年生の4月に第1志望校に偏差値が15足りなかったら志望校を変更した方がいいと思います。**

子どもは第1志望を目指してがんばっているのでわざわざ言う必要はありませんが、親が覚悟を決める必要があります。

その後、志望校を具体的に決める時期になってから、第1志望の変更を子どもと話し合うか、子どもが望んでいて日程的に可能なら第1志望を記念に受験するのもいいと私は思います。

志望校決定

本命を軸に3校プラスα《アルファ》で考える

実際に受験する学校を決める時は次のように考えます。

① 一番行きたい本命校
② 必ず合格できる学校
③ ②の「必ず合格できる学校」に万一落ちた時に行く学校

この3校を軸にします。そして、

④ 難しいけれど受けてみたい学校

を受験するのもアリです。地域によると思いますが、3校プラスαを受験するのが私のおすすめするプランです。

これらの学校を入試日と絡めて考えます。

①の一番行きたい学校の受験日が、最初に来るのは避けます。どうしても最初の受験は緊張するので不合格になる場合があります。①に落ちると雪崩《なだれ》を打つように②③も不合格になる可能性があるので注意が必要です。

日程的には、①の本命校の入試の前に②をもってくるのが理想的です。

子どもは余裕で合格圏内と思って受けた学校でも、やはり合格通知が来ると嬉しいものです。自信になるので先に1つ合格を確保しておきます。

本人の成績とその年の倍率や偏差値は、塾の先生が一番よくご存じなので、受験校は、塾の先生に相談して決めるといいでしょう。塾に行っていない場合は、過去問をやってみて、自分の点数と合格点を合わせて考えて決めるといいと思います。

また、子どもと相談することも大事です。塾に通っている間に、お子さんと充分なコミュニケーションが取れているとスムーズに決まります。

6年生になってから突然、「やっぱり○○中学を受けてほしい」というのは親の一方的な考えを押しつけることになるので、子どもが納得いく受験をするように話し合ってください。子どもを1人の人間として尊重し、対応することが肝心です。

子どもより先に泣いてはいけない

不合格だった時

不幸にして第1志望の学校に不合格になった時のことも考えておきましょう。

中学受験の合格発表は、入試当日の夜か翌日には行われることがほとんどです。

第1志望に不合格だった場合は公立に行くのか、後期日程の学校を受験するのか先に話し合って決めておきます。子どもは当初はあまり希望していなかった第3志望以下の学校でも、気持ちを切り替えて入学を心待ちにすることがあります。地元の友だちと一緒に公立の学校に行きたいという希望があれば、それも考慮しましょう。

ケースバイケースでなんとも言えませんが、1つだけ言えることは、もし第1志望の学校に不合格になったとしても、親が子どもより先に泣いてしまってはいけないということです。親はいつでも子どもを守る存在でいてほしいと思います。

合格しなくても命に別状があるわけではありません。**12歳で合格しなくてもいくらでも取り返しはつきます。**

人生はノーサイドの繰り返し

中学受験の考え方

できる限り上を目指して勉強してその子が届く一番偏差値の高い学校を受けるのがいいと述べてきましたが、一方で第1志望がすべてではないというのも私の本音です。なぜなら中学受験は12歳、小さな子ども時代での受験だからです。

前に述べたように精神年齢の高い子、勘が鋭く大人びた子、また体力があって受験勉強をものともせずに邁進できる子が有利といえば、そういう面もあります。しかし、人はそれぞれ成長過程が違うので12歳ですべてが決まるわけではありません。中学や高校に行って伸びる子もたくさんいます。

受験が終わったらノーサイドです。ノーサイドとはラグビーで敵味方がなくなるという意味で、試合終了のこと。第1志望に不合格だった人も入学した学校でがんばりましょう。

反対に希望の学校に合格してもサボっていたらその後、いい結果になりません。最低点で入っても一番で入ってもノーサイド。新しいスタートラインに立って勉強を始めてほしいと思います。

高校受験も大学受験も終わったらまた一からスタートです。

わが家の子どもたちは「灘から東大理Ⅲなんてすごいですね」とよく言われますが、大学に入ったら他の高校から来た友だちと一緒にまた一からスタートして、自分が希望する道を見つけていかなければなりません。

東大医学部を出たからといって、いい医者になれるとは限りません。他の医学部から来た人と一緒に医学の道を目指します。そこでは患者さんに温かい心遣いができるか、医療スタッフといい人間関係が築けるかなど課題はたくさんあり、どこの医学部を出たかは関係ありません。

人生はノーサイドの繰り返しです。合格しても不合格でもノーサイド。また、新しい道を見つけて進むのです。

第7章

0歳から6歳までの能力を引き出す子育て

幼少期から力をどんどん伸ばすべき

佐藤ママの子育て

長男が生まれる前、

「この子は夫と私だけを頼りに生まれてくるんだ」

と身の引き締まる思いがして、いつか親がいなくなっても自立でき、楽しい人生を送れるようにしてあげるのが子育ての目標だと実感しました。

人に恵まれ、人に迷惑をかけずに生活でき、楽しく家庭生活が送られたらすばらしいことで、そのために子どもの持っている力を存分に伸ばせる環境を作ってあげたいと思いました。

そのためには何をしたらいいか考えたのが私の子育ての原点です。

力を伸ばすには人生の基盤になる時期が大事と考え、幼少期からいいと思ったことはどんどん実行しました。

「1万冊の絵本読み聞かせ」が能力の基礎を作る

佐藤ママの子育て

「3歳までに1万冊の絵本を読み聞かせると、言葉の能力と感性が育つ」と聞いて、即実行しました。

「3年間で1万冊」というと驚く人がいますが、計算すると1日に10冊ですからたいした量ではありません。やはり1万という数字に意味があります。

弁護士の夫に聞くと「司法試験も1万時間勉強すると合格する」ということですし、バイオリンのレッスンでは同じ曲を1万回繰り返すと響きが違ってくるとも聞きました。

わが家ではリビングにテレビがないので、子どもたちがいる場所に、絵本を10冊積んでおいて毎日読みました。

図書館で借りてきた本もありますが、子どもが小さい時期は図書館に行く時間がなかなか取れませんでした。一度、書店で探してみましたが、自分ではどういう絵本がいいのかよくわからず選べませんでした。

そこで「公文」が作成していた推薦図書リストの絵本をそのまま**４００冊、一度に書店に注文して段ボールで送ってもらいました。**その後も合わせて１４００冊を購入しました。高額でしたが４人の子どもたちが読んだので元は取ったかと思います。

1万冊はのべの冊数で、繰り返し読んだ本も含めての冊数です。４人まとめて読み聞かせた本もあるので、私が読んだのは1万５０００～1万６０００回になるでしょうか。

思い出深い本が何冊かあります。

長男は、『こんにちは』（福音館書店）という本が大好きでした。熊の子どもがお花や雀やいろいろな動物と出会うたびに「こんにちは」と呼びかけ、最後に家に帰ってお父さんにだっこされるというシンプルな内容ですが、読み終わると、「もう1回」とせがまれ、1日に54回も繰り返したことがあります。

きっと、その後の長男の心の琴線に触れる本だったのでしょう。膝の上に乗せて読んでいると左ページから右ページに長男が視線を移すたびに頭がくるっと動きます。

動く時、ふわふわした髪の毛が私の顎《あご》を撫でる感触が柔らかくてかわいくてしかたありませんでした。

おばけが出る絵本も子どもたちは大好きでした。何回も読んでいるのでおばけが出る場面を覚えていて、その場面が近づくと慌てて部屋の外に逃げ、遠くからこわごわと私が読むのを覗いていました。

長女が大好きだったのがディズニー絵本でした。男の子たちは『シンデレラ』などには見向きもしなかったのに、長女からは『眠れる森の美女』の王子様が出てくる場面を繰り返し読んでと頼まれました。夫はそれを見て、「やっぱり女の子だね」と嬉しそうにしていました。

子どもたちは、絵本を読み聞かせたことをぼんやりとしか覚えていませんが、言葉や感性を育てる基礎になったと思っています。

それになにより、絵本を読み聞かせていた時間は私にとって至福の時で、宝物です。

どの子もやり方次第で伸びる

習い事

私が子どもの教育について考え始めたのは早く、私自身が中学1年生の時です。新聞を読んでいると、ある記事が目に留まりました。それはバイオリンの英才教育で有名なスズキ・メソードを紹介した記事でした。スズキ・メソードは鈴木鎮一氏（1898〜1998年）によって創始された音楽の教育法です。

鈴木先生は、だれもがバイオリンが上手に弾け、感情が豊かに育つ独自の教育メソッドを、日本中に広められました。「才能は生まれつきではない」「どの子も育つ、育て方ひとつ」などの言葉に私は感動しました。

それまで、音楽などの芸術は生まれついた才能の持ち主だけができることだと思っていたのに、どんな子どもでも指導法によって才能を開花させることができるという考え方は斬新で、こんな考え方をする大人がいることに嬉しくなりました。その当時から、やり方次第で子どもは伸びるという考え方は私の心に深く刻み込まれました。

「将来子どもができたら、ぜひスズキ・メソードに入れよう」と決意したのです。今思うとちょっとませた中学生ですね（笑）。

そして、子どもが生まれるとすぐに長野県松本市のスズキ・メソードの本部に電話しました。

さすがにまだ早いと言われましたが、長男が3歳になった時には教室に入り、4人の子どもたちも次々にバイオリンを習い始めました。スズキ・メソードは母親も一緒に習うことを推奨していますので私もレッスンを始めました。もちろん最初は私の方が上手でしたが、1年ぐらいですぐに長男に追い越されました。

発表会には私も出ました。まさか大人も発表会に出るとは思いませんでしたが、発表会のドキドキ感、毎日レッスンするたいへんさなど、習い事をする子どもの気持ちがわかり、それは後に子どもの勉強を見る時に役立ったと思います。

大人は子どもに「勉強しなさい」、「練習しなさい」と言うばかりですが、言われて実際にする側はなかなかやる気が起きない時もあります。その気持ちが実感できたのが収穫でした。

子どもたちは塾通いが始まる4年生までバイオリンを習いました。芸大に進学したいとか、プロの演奏家を目指したいと言う子が1人もいなかったのは残念ですが、いい先生にも恵まれて楽しくレッスンに通いました。

私は理論がきちっと確立していて、しかも根底に愛情を感じる教育方法に共感を覚えます。点数を多く取ればいい、上達すればいいという以前に、子どものことを真に思って親身になってくれることを感じ取られないと、子どもを預ける気にはなれないのです。

そういう意味で、スズキ・メソード、公文、浜学園は私の理想にぴったりでした。今、世の中にはさまざまな教育システムがあふれていますが、基本になるのは子どもへの愛情だと信じています。

習い事は、「お友だちがしているからうちの子も」という気持ちで始めると続きません。**①目的をしっかり持ち、②いつまでするか決めて子どもにも伝え、③子どもを愛してくれるいい先生を選んで始めると必ず得るものがあります。**

習い事を続けるためにご褒美を作る

習い事

そうは言うものの、習い事はなかなか上達しなかったりしてたいへんな時がありま す。その時にご褒美を作っておくと楽しくできます。わが家ではテレビを見せない方針でしたが、唯一習い事のご褒美イベントとして楽しむ番組がありました。**それが『名探偵コナン』です。**ある日、２階で洗濯物を取り込んでいた私が時刻を見るためにテレビをつけたところ放映していたのがコナンで、思わず引き込まれて洗濯物を抱えたまま30分間見入ってしまいました。おもしろいアニメだと思いました。

それで私はバイオリンのお稽古の後のお楽しみにコナンを皆で見ることにしました。月３回のバイオリンのレッスンの帰りにコンビニでカップ麺を買うのをお約束にして、帰宅してコナンを見ながらカップ麺を食べます。ゴールデンウイークには映画版『名探偵コナン』が上映されるので家族揃って見に行きました。習い事はご褒美イベントを作ると長く続けられます。

できなくても一定期間見守る

習い事

わが家は子どもが4人いるので、送り迎えを考えると、それぞれがバラバラの習い事をする時間的余裕がありません。ですから全員、1歳から公文、3歳からバイオリン、4歳からスイミングと同じ習い事をしました。

バイオリンは成長とともに大きなバイオリンに買い替えないといけないのですが、4人とも習っているとお下がりが使えてムダがないのがよかったです。

スイミングを習わせたのは、私自身が泳げなかったからというのが理由です。習い事はある程度親の好みでも選んでいいと思います。スイミングは、個人メドレーができるようになるまで続ける約束をして始めました。ただ漫然と毎週通っているよりも、「～ができるようになるまで続けようね」と具体的に伝えて始めると子どもながら目標ができ、熱が入ります。

最初、水に慣れるために水泳の第一段階としてプールサイドからぼちゃんとプールに入りますが、三男はなかなか飛び込めずにプールサイドで泣いていました。私はガラス越しに「そのうち飛び込めるはず」と思って見ていました。何でも時間が必要です。1か月も泣いていましたが、5回目にとうとうぼちゃんと飛び込み、それ以降は水に慣れ、最終的に約束の個人メドレーができるようになって卒業しました。

習い事も勉強も、慣れるまでは時間がかかります。すぐにできなくても焦らずに様子を見たらいいと思います。

習い事は理想的には、**週に2日、多くても3日が限度だと思います。**習い事は家でするお稽古も大事だし、子どもにとって、今日は寝るまでどこにも行かず、ゆっくりできるという日が何日かは必要です。毎日、習い事に出かけなければならないとなると疲れてしまいます。わが家はバイオリンが月3回、スイミングが月4回で、公文は自宅学習だったのでちょうどいいスケジュールだったと思います。

一人っ子でお母さんが専業主婦の場合などは親子で外に出る機会が少なく、習い事は外出のいいきっかけになり、育児ストレス解消にもなります。しかし習い事が多すぎると子どもが疲れてしまいますので、子どもの様子をよく見て決めてください。

「気がついたら鉛筆を握っていた」くらいに学習習慣は早めにつける

学習習慣

学習習慣は物心つく前につけた方が子どもにもラクです。

「小学校入学までは字や計算は教えない方がいい」という考えもありますが、私はクラスメイトの名前はすぐに読めた方がいいし、学校の授業も楽しく受けられるので教えてもいいと思っています。

6~7歳の子にとっては毎日小学校に行くだけでもたいへんです。それに加えてまったく机に向かったことのない子が、いきなりひらがなや計算を習うのはたいへんです。鉛筆で書くことに慣れるように、準備しておくことは悪いことではありません。

わが家では長男が1歳の時、公文が当時運営していた幼児教室(「リトルスクール」)に通い始めました。「子どもに英才教育をしよう」と思ったわけではなく、1歳と乳児の2人の育児で疲れきっていた私の育児ストレス解消&気分転換のために入りました。ママ友ともおしゃべりができたし、帰りに買い物をしたりで、私の息抜きになりました。

リトルスクールの後、**公文の学習教室に行くようになったのは長男が5歳、次男4歳の時です。**子どもが多くて忙しく、毎週は通いきれないので教室に行く回数を減らしてもらい、最終的には教材を宅配便で送ってもらって、家でプリント学習をして月1回だけ行くようにしました。

公文は創始者の公文公《くもんとおる》さん（1914〜1995年）が、小学生の息子さんの算数のテストの点がおもわしくないのを見て、自主的に無理なく勉強を進められるように考案したプリントから始まりました。順序立てて進むので小さい子には適しています。教材は鉛筆を持つところから始まり、なぐり書きを経て、同じ記号を結ぶことなど段階的に進むので抵抗なく続けることができます。

子どもは2歳までは指が柔らかなので普通の鉛筆を上手に持てません。公文には2歳の小さい子どもでも使える6Bの太い鉛筆があり、それを使うとラクに書くことができます。

公文では、1桁の計算は、ある数字に1を足すことから始め、次に＋2の計算に移ります。隣の数、その隣の数と少しずつ数の範囲を広げていくやり方で、足し算の感覚をつかむのです。

わが家の子どもたちはみな公文に通い、長女は幼稚園で連立3元1次方程式を解くまでになりました。

学習習慣は何歳からでもつきますが、やはり小さければ小さいほどラクにつきます。勉強することを生活の中に溶け込ませるには6歳まで、いわゆる物心がつく前が適齢と思います。自意識が芽生えた後で学習習慣をつけるのはなかなか難しいものです。大きくなってから、「勉強しなさい」、「プリントしなさい」と声を大にしても子どもはなかなか動きません。**できれば2歳になったぐらいからなぐり書きでもいいので鉛筆を持たせ始めるといいと思います。**私は「子ども自らハッと気がついたら鉛筆を持っていたぐらいでちょうどいい」と思っています。

わが家の子どもたちも、「気がついたら鉛筆を持っていた。気がついたらバイオリンを弾いて、プールで泳いでいた」と言って笑っています。

習慣づけは時間がかかると覚悟を

学習習慣

学習習慣をつけるには時間がかかります。

「このプリントをやってね」と言ったら、子どもが「はい」と言ってすらすら取り組めたら苦労はありませんが、そう簡単にはいきません。大人でも物事に慣れるまでに時間が必要なのに、小さい子どもですから、勉強の習慣が身につくには時間がかかることは覚悟してください。

実は、学習習慣をつける上での困難は子どもにあるのではなく、むしろ親の側にあります。家事や子育てで多忙な中、「子どもの勉強時間」という新しい項目をたとえ短時間でも自分の1日の生活の中に組み込むのが難しいのです。そのためには「充分にできない期間」＝「モラトリアム期間」をお母さんのために設けて焦らないことです。

わが家でもスムーズにいきませんでした。一応、「幼稚園から帰ってきたら公文のプリントを1枚する」と決めていましたが、私も帰宅するとへとへとで、「公文やろうか」の「く」がなかなか口から出ない日ばかりでした。

「なかなかできないわあ」と思って公文の冊子を見ると、子どもに数字を覚えさせるために、フェルトで数字を切り抜いて布に貼って絵本に仕立てているお母さんが紹介されていて感動。

「フラッシュカードを毎日幼稚園に行く前に5分ずつしています」というお母さんも紹介されていました。フラッシュカードとは、絵が描いてあるカードを子どもに見せながら次々にめくって脳を活性化させるという幼児教育のツールです。私もいくつかセットを買いましたが、あまり使うことができず、子どもたちのおもちゃになっていました。「こんなまじめにきちんとするのは、とうてい私には無理」と寝込むぐらい落ち込んでいました。

しかし、落ち込みながらもできる範囲でプリントをやっていると、半年から1年ぐらいしたあたりからペースがつかめてきました。どんな勉強も習慣づけるには次のようなステップが必要とわかりました。

○ステップ1

毎日することは理想とする。「やれなくてもいい」と割り切って週に1日でもできたら合格と思う。

○ステップ2

親子とも疲れていない、余裕のある時間を見つけて、その時間だけ学習する。夏休みにまとめてしてもいい。

○ステップ3

母がペースをつかめるようになる。毎日決まった量をすることができるようになる。

ペースがつかめると早く進むようになり、親子ともどもやる気が湧いてくる。

私もそうだったのですが、ステップ1〜3まで約1年かかると思って焦らずあきらめないで取り組んでみてください。

一度、ペースがつかめたら2番目の子は比較的ラクに学習習慣をつけることができます。できない期間があることも覚悟して、完璧を目指さずやっていきましょう。

字は幼少期からきちんと書かせる

学習習慣

わが家の子どもたちは公文でひらがなを覚えました。迷路遊びのようなものから始めて、だんだんひらがなに進みます。遊び感覚で進んでいくのですが、線をきちんと書くように指導されるので、ひらがなや漢字も正しく書く習慣がつきました。この習慣は数字を書く時にもつながっていきます。中学受験の計算問題では数字を乱雑に書くとミスを誘発します。自分で書いた「8」を「6」と混同してしまうのはもったいないことです。

少し前、東進ハイスクールの林修さんが「灘高校の生徒は字が汚い。これを私は灘字と呼んでいる」と言って話題になりました。確かにうちの子たちも普段書く字はあまりきれいではありませんので林さんの言うことは本当です。

しかし、彼らもテストの時は、だれもが読める字を書いています。**ここという時に、きちんとした字を書けるようにしておくことは大事です。**

幼児期の算数

九九はCDを聴いて覚えると簡単

長男が4歳、次男が3歳の時、公文の先生から、そろそろ九九を覚えさせてはどうかと言われました。

学研の九九のカセットテープを推薦する方がいて、さっそく車の中でかけてみました。音楽に乗せて九九が流れるのですが、段によってマーチやワルツになっていて、聴いていて楽しく、子どもたちはとても喜んであっという間に覚えてしまったのです。

まだ口が回らない三男は、7×9＝63（しちくろくじゅうさん）の「しちく」がうまく言えなかったので、そこを訂正しただけ。これだけで九九の勉強がすんでとてもラクでした（この九九の歌は現在市販されていないようですが、ネット上で公開されているようです）。

私は幼稚園では童謡を聴いたり歌ったりするように、九九の歌も聞かせて歌わせた

らいいのではないかと思います。そうすれば子どもたちの小学校での苦労が1つ減ります。

小学校の算数教育は理論的でいいのですが、場合によってはかえって子どもにとっては難しく感じることが多いと思います。足し算や掛け算は理論的な解説が多く、子どもにとっては退屈です。

九九も各段を順番に暗唱して、家で親に聞いてもらって印鑑をもらって……、というやり方は手間がかかりすぎです。

それより音楽に乗せて楽しく暗記したらいいと思っています。日本には苦しんで努力した方を評価する傾向がありますが、努力すればよりよく覚えられるわけではありません。

九九も暗唱できたあとに理論を教えるので充分だと思いますが。

英語より、計算と国語をすべき

早期の英語教育

先日、英語教育について２人のお母さんたちと一緒に雑誌の取材を受けました。おもしろかったのは他のお母さんたちが英語教育を重視しているのに対し、元英語教師の私だけが、「早期の英語教育には意味がない」という考えだったことです。

これからの国際社会では英語が大事だから早くから英語に触れさせたいとお母さんたちは思うのでしょうけれど、効果を出すのに手間と時間がかかりすぎるのです。対談させていただいた他の２人のお母さん方は英語を驚くほど徹底的にさせていて、成果は出ていましたので感心しました。

英語を勉強する目的は何でしょうか。

- 海外旅行で買い物ができる
- 大学受験に役立つ

○易しい英語の本が読める
○海外で英語を使って仕事ができる
○同時通訳または国連機関などで英語を使ってやり取りできる
などいろいろあると思います。

海外で買い物をしたいなら、小さい頃から英語を学習する必要はありません。易しい英語の本が読めるレベルを目指すなら、中学高校で英語の勉強をしっかりして英語の勉強を続ければ、読めるようになります。

英語で仕事の取引をしたりするには、小さい頃に英語圏の国で育てて英語で考えて話す習慣をつけるのが一番で、この方法ならネイティブと同じ英語力が身につきます。

しかし、帰国子女が日本に帰ってきてしばらくすると英語をすっかり忘れてしまうように、英語を使いこなそうとするなら、常に英語を勉強する環境に自分を置かないといけません。とても幼少期の英語教室レベルでは追いつかないでしょう。

大学受験では英語を使うより考える力、論理を展開する力が要求されます。東大の入学試験にも自由英作文の問題が出題されますが、たとえば「留学についてどう思うか」や、漫画を見て意見を述べるような問題です。ここで要求されるのは、①テーマに対してイエスかノーか決め、②意見を述べ、③想定される反対意見に対して反対意見を述べるという「論理力」で、**英語自体は中学レベルの簡単なものでかまわないのです。**

私は次男の大学受験時に東大の過去問の英作文の採点をしましたが、10点満点中、どうみても1点しかつけられない解答ばかりで、「なんで1点しかくれないの」とよく文句を言われていました。

難しい単語やイディオムを使おうとして間違え、そのことにのみ考えがいくので論理が破綻するのです。大学入試の英作文では理路整然と文章が書かれているかが採点のポイントです。ここで大事なのは英語力ではなくて国語力です。

たとえば3歳で英語教室に行ってリンゴとかミカンとかの単語を覚えても、まだ日本語がしゃべれない段階ではたいした英語をしゃべることはできません。英語の歌を歌ったり絵本を見たり、遊びとして英語教室に行くのはいいと思いますが、その時間があれば国語力や計算力をつける方が力になると私は考えています。

第8章

受験に勝つための小学校低学年の習慣

「のびのび育児」は無責任

学習習慣

　ある教育評論家の先生は、「小さい頃は勉強よりのびのび育てることが大切です」とおっしゃっています。

　私もその意見には賛成ですが、同時に「のびのび」というのは非常に曖昧でそれだけでは子どものためにならないと思っています。

　たとえば、教わった漢字が書けない、計算が不正確でテストの点数が悪い。そんな状態を放置して「のびのび育っているからいい」と認めてしまうのは無責任です。

　勉強がわかってこそ学校は楽しいもの。放っておくと学年が上がるにつれてどんどん勉強がわからなくなり、学校が楽しくなくなります。**「のびのび」は勉強が理解でき、ある程度テストの点数が取れてはじめて感じられることではないでしょうか。**

　小学校では人として生きるための基礎知識を習います。

小学校で習う1006個の必修漢字が書けない、四則計算ができない、47都道府県の場所がわからないと、学校の授業が楽しくなくなります。

「のびのび育児」を信じる人は昔話に出てくるような、広い野山を駆け巡って遊び回る姿をイメージするのかもしれませんが、なかなかそのようなことができないのが現実です。

また、昔は今のように勉強漬けではなく、のびのび遊んでいたと言いますが、実際は昔の人も勉強家でした。明治時代に書かれた手紙を博物館などで見ると、中学生なのに全部漢文で書いてありますし、幸田露伴は幼少期には焼き芋を食べながら漢籍を読んでいたと聞きました。小さな子どもだから、字や計算を教えないというのではなく、子どもの能力を最大限引き出してあげることはいいことだと思います。

佐藤ママ子育て論

子どもができるまで何度でもつきあう

私が目指したのは子どもたちのいいコーチになることです。私は次のようなイメージを持っています。

ごくふつうの高校の野球部に新しいコーチがやってきて、練習方法を変えたり技術のコツを伝授したりモチベーションを上げる工夫をする。すると、いつも地方大会の1回戦で負けていたチームが力をつけて3回戦に行けた。甲子園に出場できなくても、3回戦に行くってすごいことです。それがコーチの働きによるとしたら素敵です。

生まれてから、子どもが親の手を離れるまでは18年間。その間、子どもたちの能力を開かせるよきコーチ役ができたらいいなと私は思いました。

そのためにはその子の性格や能力に合ったやり方で伸ばしていくことが大事です。暗記が苦手な子もいますし、漢字がなかなか覚えられない子、算数がどうしても苦手な子もいます。子どものペースに合わせてスピード、やり方を変えましょう。

もし、よその子が2回繰り返せば覚えるのに、わが子は5回繰り返さないと覚えない。その時、「どうして覚えないの?」、「ダメな子ね」と叱っても意味がありません。どうしたらいいでしょうか? それは5回繰り返すのにつきあえばいいのです。

子どもができるまで、根気よく手伝う。

これが基本です。回数は関係ありません。できるまでつきあうのです。特に苦手なところが見つかったら、カードにしたり、壁に貼ったり、あの手この手で徹底的につきあうのがコツです。

できるまで繰り返せるのはそれが自分の子どもだからです。1回で覚えるスーパーマンみたいな子もいて羨ましく思うこともあるかもしれませんが、それはよその子ですので比べてもしかたがありません。できる子だからかわいいのではなくて、わが子だからかわいいのです。自分の子が、100回かかるのなら100回すればいいと思います。100回つきあってくれる人、宇宙広しといえどもお母さんの他にいるでしょうか。自分の子どもに一心に愛情を注ぎ、全面的に責任を持つことができるのはお母さんだけなのです。

1日10分の勉強が学力を育てる

学習習慣

幼児の時から24時間子どもを監視して勉強漬けにしているように私は思われがちですが、それは違います。やったことを考えてみると、公文のプリントをせいぜい1日10分、長くても20分しただけです。

1時間も2時間も勉強を押し付けているわけではなく、所定のプリントが終わったら遊んでいるのですから、子どもにとってそれほどの負担ではありません。

わが家の子どもたちは小学校3年までは、どの子も放課後は遊びが中心でした。

赤ちゃん時代からおもちゃは人数分用意して与えていました。

遊戯王カードに夢中で、私もゲームにむりやり参加させられましたし、ビーダマン、ベイブレードなど当時流行ったおもちゃは全部家にありました。

子どもが4人もいると家でも遊びには事欠きません。トランプは4人でするのが一番盛り上がると言われていますが、わが家の子どもはちょうど４人。それはそれは盛り上がっていました。

小学校から帰ってくると、週２回のお稽古事と、１日10～20分の公文のプリント学習、それ以外は遊び中心の生活……。

１日10分の学習の継続こそが、そののちの学力の基礎になったと思います。

「リビングで学習、隣室で就寝」が勉強を日常にする

勉強の環境

長男が生まれた時、「これはしないでおこう」と思ったことが3つあります。

1つ目が「子ども部屋は作らない」ということです。

もし子ども部屋があったら、夕飯を食べ終わった時に、1人で子ども部屋に行って勉強しなくてはいけないので寂しいのではないかと思いました。

親の目の届く範囲で子どもが勉強していれば、親も勉強を見やすいし子どもたちの様子がよくわかります。学校で困ったことや悩んでいることがあれば、顔色や様子ですぐわかるのもいい点です。

わが家では基本的に1階が全員の居住区、リビングの壁に向けて4個の机を置き(カラーIページ参照)、リビングの隣の和室で就寝していました。

子どもたちが大きくなってからは夫、私、長女が2階で寝るようになりましたが、

３人の男の子たちは大学入学のために家を出るまで、ずっと1階の和室で寝起きしていました。騒がしい時もありますが、生活の中に勉強があることがふつうになり、勉強が暮らしの中に溶け込んでいる状態がよかったと思います。

たとえば、「ごちそうさま」と夕飯を食べ終わって、勉強タイムになった時、2階などリビングから遠い場所に机があったら、勉強を始めるのが億劫になります。寒い冬ならなおさら寒い部屋に行って暖房をつけて、ノートを広げてとなると心のハードルが高くなりがち。でも、食卓と同じ空間に机があるなら、2〜3歩歩けば机があって部屋も暖かくなっているので勉強を始めやすくなります。食卓から机までの動線を短くするのが学習習慣をつけるポイントです。

私は勉強を机ですることにはこだわりませんでした。

「勉強はとりあえずすればいい」と思って、こたつで寝ころびながらしてもいいことにしていました。プリントを寝ころんで解いていて、次第にノってくると子どもたちは次にテーブルでやり始め、さらにノってくると机に移動してやり始めます。

「とりあえずやればいい」と言うと子どももラクですし、親も「机に向かいなさい」

と叱らずにすみます。動線を短くすると同時に、勉強に向かう気持ちのハードルも下げてあげることが大事です。

小学生が塾から帰って1人で夕飯を食べるのは問題だと言われていますが、リビングに机があり隣に寝る部屋があるわが家では大丈夫。

たとえば長男が遅い時間に塾から帰ってきても、下の子どもたちがその辺にうろうろしています。長男が遅い夕食を食べ始めると、匂いに誘われたきょうだいが「また食べようかな」、「一口ちょうだい」などと寄ってきて皆でわいわいやっていました。

「リビング学習」＋「隣室で就寝」という家の間取りのおかげで、子どもたちは寂しい思いをせずに勉強を続けられたのではないかと思います。

テレビを見る習慣をつけない

生活習慣

「これはしないでおこう」の**２つ目は、「テレビを見る習慣はつけない」です。**

テレビは大人が一日仕事をして疲れて帰宅後にリラックスするためには、最高のメディアです。

しかし、テレビはつけるのは簡単ですが、消すのはたいへんです。ついつい長く見てしまいます。

大人になったらテレビなしでの生活は無理でしょうから、せめて小さい時はテレビはなしの生活をしてみようと思いました。

絵本や童謡の日本語は実に美しく、優しい感情にあふれていますので、せめて小さな時は、美しい日本語にいつも触れさせたいと思いました。

時間を決めてテレビを見るという手法もありますが、なかなか実際は難しいと思います。

幼児にはまだ時間の感覚が育っていませんので、ついつい30分が60分に、この番組を見たら次も……と、とめどなくなってしまうのは明白です。「0か100かでないとうまくいかない」がモットーの私は一切見せないことにしました。

テレビは、冬寒く夏暑い2階の部屋に置いて、視聴するハードルを高くしました。

何回か、天気予報とニュース番組だけは見せた方がいいかと思うこともありましたが、0か100がうまくいくと思って0（＝まったく見ない）を選びました。

ニュースは私が新聞を読んで、必要と思う記事をかいつまんで子どもに伝えればすみます。

もちろん、4人とも中学生や高校生になってからは学校で話題のドラマなどは、2階のテレビのある部屋で見ていました。

佐藤ママ子育て論

人と比べることに意味はない

「これはしないでおこう」と思った**3つのうちで一番大事なのが、「人と比べないこと」です。**

まず、きょうだい間で比べないことにしました。「お兄ちゃんだから我慢しなさい」は禁句です。たまたま生まれる順番が早いか遅いかで比較されたり、我慢させられたりするのは不合理です。わが家では、「お兄ちゃん」ではなく全員が名前に「ちゃん」をつけて呼び合っています。

性格も違います。長男は冷静で堅実で何でも自分ですいすいとこなせるタイプ。次男は明るくて話好き。三男はマイペースで頑固なところがありじっくり考えるのが好き。長女はマジメで素直とそれぞれ個性があります。

どのお宅のお子さんもそれぞれ個性がありますよね。成績や性格を比較して「どうしてお兄ちゃんはできるのに」などと言ってもしょうがないことです。

さらにいけないのは他人と比較することです。

最初は私もよそのお子さんが気になったことがありました。

バイオリンを習っている時、ふつうの子とは違う音色を出す上手なお子さんがいて、ついわが子と比べて、年が同じなのにどうして上手なんだろうと思うことはありました。

公文でもどんどんプリントが進んであっという間に大学院レベルまで進んだ子がいたりして感心しました。しかし、自分の子だけを見てマイペースで進むことにしました。

自分の子が成長することが一番大事で、よその子どもの進度は関係ないと気がついてからは、何も思わなくなりました。４人のきょうだいでも早く進む子とそうでない子はいます。それはそれぞれの個性であってその子なりに成長すればいいと悟ってからはラクになりました。

大事なのは、その子の才能や学力を伸ばすこと。他人と比べる必要はありません。

子どもを絶対に否定しないこと

佐藤ママ子育て論

子どもたちが小中高生になった頃のこと。4人が勉強しているのを眺めながら、「ママも4人産んだけどどね、1人ぐらいすごい数学者になりそうとか、バイオリニストとかがいたらよかったわ。だれもぜんぜんそうなりそうにないわね」と言ったことがあります。もちろん冗談です。私の推測では口の達者な次男あたりが、「いやいや。だったら5人産んだらよかったやん」などと切り返してくるかと思ったのですが、なんとシーンとしてだれも何も言わなかったので「まずい!」と慌てました。

すぐに「あ〜そんなことないです、ないです」としどろもどろで謝り、自分が産んだ子をそんなふうに否定してはいけないと大いに反省しました。今でも時々あのシーンとした雰囲気を思い出します。親はよく気軽に「ダメねえ」などと口にしますが、子どもの存在を否定する発言はしてはいけませんよね。**ネガティブな言葉は、知らず知らずのうちに子どもの心に積もって自信をなくしてしまう可能性があるからです。**

ゲームとのつきあいは最小限に

生活習慣

小学生の時はゲームとのつきあいも最小限にしていました。

漫画も見せないことにしていました。

長男はお友だちの家でゲームをさせてもらっていて興味があったようです。買ってほしそうにしていたので、４年生で塾に通い始めた時に成績がよかったらゲーム機を買ってあげると約束しました。

次の模試で思った以上に成績がよかったので、仕方なく約束ですから買いました。嬉しさのあまりゲームボーイアドバンスに頬《ほお》をすり寄せて喜んでいた長男の姿が今でも思い出されます。

他の子たちも興味津々で覗き込んでいましたが、液晶画面が見にくくて視力が低下しそうな気がしたので、「目が悪くなったら困るわ」と２日で取り上げてそのままになりました。

子どもたちはそれで特に不満とも思わなかったのか、わが家ではそれきりになりました。

「1日1時間まで」と決めてゲームをさせている家庭も多いようですが、ここでも私のルールは、0か100。

1時間と決めていてもなんとなく1時間半になったり、「今日は寒いから家でずっとゲームしてもいいかな」などとなし崩しになったりするので、しないと決めたらしない方がシンプルでラクです。

計算力は、あらゆる基礎になる重要な能力

算数の基礎

算数の成績は計算力が基礎の基礎。計算力が点数を左右します。

よく、「分数を理解するために幼少時にきょうだいで羊羹《ようかん》を等分して、1／2、1／3をイメージさせる」などと書いた本がありますが、私はピンときませんでした。やはり分数にしても文書題を解くにしても基礎は、イメージよりも計算力です。計算ができるようになったら、より早く正確にするためのトレーニングが必要です。

わが家の場合は公文で小さい時から数字の感覚を磨きました。たとえば1桁の計算なら考えないでも答えを出せることが大事です。

小学校の算数はよくヒラメキだと言われます。図形なら「1本の補助線を引ける力」や、文章題では「正答への道筋を見出す力」が成績を左右します。

では、ヒラメキがない子は答えが出せないのかと言われそうですが、**私はヒラメキ**

の基礎になるのもやはり計算力だと思っています。ヒラメキは作ることができるのです。

たとえば「時速3キロ、時速5キロ」と文章題に出た時に、「3は1と2に分けられる」、「3と5を足すと8だ」など、数字をどう組み合わせればいいか勘が働くと正しい式を立てることができ、答えが導き出されます。

勘を研ぎ澄ませるためには日頃の計算力がものをいいます。計算力は文章題を解くためにも必要。その中でも1桁の計算はヒラメキの源だと思っているので、たっぷりと時間をかけるべきです。

いろいろな方法がありますが、市販のプリントを利用するなら、シリーズになっているものがいいでしょう。

中学受験を考えているなら、ある程度の計算力を小学校3年生までにつけておきたいものです。**できれば3年生で1年先の4年生レベルの計算力があれば、塾に行った時にラクだと思います。**

通信教育

通信教育は親子ともに自制心が必要

定期的に教室や塾に通うのはたいへんという理由で、通信教育を利用する人も多いようです。

わが家の子も大学受験の時に通信教育を利用していたことがあります。しかし、決められた日までに提出するためには、勉強する時間を自分で決めないといけないので、かなりの自制心が必要です。

わが家の子どももも結局2回分が締め切りを過ぎてしまった段階で、あきらめてやめてしまいました。

親がきっちり時間を決めて子どもに勉強させることができると思うならおすすめしますが、そうでない場合はいやがおうでもその場所に行かないといけない塾や予備校の方が勉強は進むと思います。

小学生に美術館・博物館は無理をせずに

情操教育

小さい時期から子どもを美術館や博物館に連れて行き、本物を見せると、勉強になり情操が育つと言われているようですが、わが家ではしていませんでした。

４人も子どもがいるので連れていくのはたいへんですし、まだ小さい子どもに立派な芸術作品や名品を見せても理解できず、動き回って人に迷惑をかけるだけだと思ったからです。

美術館に行ったからといってそのまま勉強になるわけではありません。行きたければ高校生や大学生になってある程度の知識を得てからでも遅くないと思います。

時間の余裕がある夏休みに、「博物館の子ども用イベント」などへ行くのは有益だと思いますが、わが家では残念ながらなかなかできないことでした。しかし、奈良在住なので子どもたちが高校生になった時に何回か、秋に開催される「正倉院展」を見に行きました。上の３人が家を出た今は娘と毎年、「正倉院展」に行きます。私は歴史や美術が大好きですし、展示された古文書などを見ると、昔から人の暮らしの本質は変わらないとわかって感動します。

美術館とはあまり縁がありませんでしたが、近くのお寺には家族で出かけていました。

そこは紅葉がすばらしいのに、あまり人出のない知る人ぞ知るお寺です。季節になると庭一面が赤や黄色の紅葉で覆われ見事でした。次々に舞い落ちる紅葉を見ていた私は、この光景をわが家の庭で再現したいと思いました。

お寺の許可を得て大きなポリ袋を買ってきて落ち葉を何袋も詰めて持って帰り、庭にバラ撒きました。わが家の庭が一瞬で赤や黄色の紅葉のじゅうたんが敷き詰められたように変わり、子どもたちも大はしゃぎで歓声をあげました。秋の景色をぞんぶんに味わった思い出です。

「時間」より「時刻」で具体的なルールを決める

予定の管理

起床、登校、帰宅、勉強、就寝など、子どもの暮らしはスケジュールが盛りだくさんです。親も子どもと歩調を合わせて生活するには、計画的に生活時間を設定しないと、あたふたして時間だけが過ぎていくことになりかねません。

生活時間のルールを決めておくと子どもは迷いません。

たとえば、

○夕飯は6時30分
○遊びに行くのは宿題をしてから
○毎日、プリントを2枚する

などおおまかなことを決めておきましょう。

突然に「今からプリント2枚」と言われても子どもはすぐに動けませんが、小学校低学年など小さくても、「宿題をしてから遊びに行く」「ご飯が終わったらプリントを2枚する」と日々の約束事にしておくと、親がいちいち口やかましく指図しなくても自分から行動できるようになります。

「子どもが言うことを聞かない」と嘆くお母さんが多いようです。それはひょっとしたらお子さんへの伝え方が間違っているのかもしれません。

曖昧な言い方だと子どもは理解できません。

「30分後にご飯よ」と言っても30分後という時間は、実は曖昧なんです。子どもは少しでも曖昧さが入ると頭に残らないもの。**「6時30分になったらご飯ね」と具体的に言うと理解しやすいでしょう。**

小学校低学年になって時計が読めるようになったら「時間」ではなく「時刻」を言って伝えましょう。

塾へ行くようになって宿題をする時も同じです。「3日後までにしようね」と言ってもスケジュールを把握しにくいけれど、「○月○日までにここまで終わらせようね」と言うと確実に伝わります。

実は「そろばん」をしなかったことが心残り

習い事

幼児期から小学校にかけて、スイミング、バイオリン、公文を子どもたちに経験させた私ですが、１つだけ心残りなのはそろばんを習わせなかったことです。

そろばんは限られた時間内に所定の問題数をこなすので集中力がつきます。自学自習が基本なので自分から勉強する習慣がつきます。なによりも計算力がつくので、中学受験の計算問題がすぐに解けます。

それだけではありません。数に対する感性が研ぎ澄まされるので文章題に出てくる複数の数字を見た時に関連づけて考えられ、正解に到達するヒラメキ力が育ちます。

しかし、わが家ではすでに２つの習い事をしていたのと、近くに先生を見つけられなかったので断念しました。子どもたちも、「そろばん習いたかったなあ。一度、そろばんの世界に浸ってみたかった」と今でも言っています。興味がある方はぜひそろばんを習わせてあげてはどうかと思います。

佐藤ママ子育て論

育児は理屈通りにはいかない

教育や受験の本を出版したりはしましたが、私も最初からうまくいったわけではありません。試行錯誤の連続で今があります。

たとえば、長男が生まれてすぐの頃。離乳食を作るために料理雑誌を見たら、スープの上に小さく星形に切ったにんじんが浮かんでいました。今なら見てもすぐに「面倒だからパス」と片付けられますが、新米ママだった私は「わあ、こんなことをしないといけないのね」とそのたいへんさに落ち込んだものです。

育児書を読むと「3歳までは子どもを叱ってはいけません」と書いてあり、「確かにその通りだわ」と共感して長男には3歳まで決して怒ったりしませんでした。でもだんだん動きも激しくなって危険なこともあるので、3歳になった頃に「危ないことは危ない」と叱ることにしました。

すると年子の次男はまだ2歳ですからこちらは怒ってはいけないことになります。長男と次男が同じいたずらをしても、1人に怒ってももう1人には怒ってはいけないことになります。わけがわからなくなって頭を抱えたこともありました。

出産前も考えすぎて失敗したことがあります。

長男を妊娠中、夫も最初の子ということで力が入っていたのか、胎教のためにモーツァルトのCDを買ってきて家中に流してくれました。しかし猛暑時期に臨月を迎えた私にとって暑い中でひたすら聴くモーツァルトはしんどいばかり、その後しばらくモーツァルトを聴くだけでいやな気分がよみがえってきたものです。

夫は出産後にも癒しの音楽と評判だったシンセサイザーの曲を流してくれましたが、慣れない育児中に聴くシンセサイザーはこれもまたトラウマになりました。今でもシンセサイザーを聴くのは苦手です。

このような体験を積みながら、だんだん、育児は理論通りにはいかないとわかり、私なりの方法、わが家、わが子に適したオリジナルの方法を模索し始めました。

子どもは千差万別です。

その子どもに合ったやり方で育てるのが一番いいと思います。

この本では私が子どもたちに試してうまくいった方法だけを紹介しています。

子育てのやり方は子どもによって違います。

皆さんもご自身の方法を試行錯誤されながら、お子さんにとってよりよい方法を見つけてくださいね。

佐藤ママの中学受験 Q&A

Q1

塾のクラスが落ち、泣いている子どもにどう接したらいいですか。

小5女子の母親です。先日のテストで塾のクラスが1つ落ちました。本人はショックだったようで泣いています。かわいそうでもう受験をやめようとさえ思いますが、どう考えたらいいでしょう。

A1

お嬢さんはくやしかったのでしょう。くやしくて泣くのは次のステップへ向かうために大事です。

入試は本番に通ればいいのであって塾のクラス分けは、基本的に関係ありませんし、5年生ならまだ挽回できますのであきらめることはありません。

クラスが落ちた理由は学習のどこかに穴があるのだと思います。3～4年生、必要なら2年生まで戻って復習しましょう。九九のどこかがうろ覚えになっている場合もあります。5年生はまだ日曜日に塾の模擬試験が入ることが少ないと思いますので、日曜日の1〜2時間を利用して復習するのはどうでしょうか。復習ならすらすらできるのでやる気も出ます。

今はお嬢さんを思う存分泣かせてあげてください。そして泣き止んだらこれらのことをよく説明して対策を考えましょう。「くやしい」という気持ちは次のステップに行くのに大事な気持ちです。

Q2

勉強のリフレッシュ法を教えてください。

小6男子の母親です。夜遅くまで勉強していてたいへんだなあと思います。何か気分転換させてあげたいのですが、佐藤家ではどんなリフレッシュ法がありましたか。

A2

わが家の子どもたちは就寝時間直前にはもうエネルギーが切れたようになりバタンと寝ていたので、特にリフレッシュ法は必要なかったのですが、チョコレートを用意しておいて食べながら勉強したのが息抜きになったようです。

スイーツにはブドウ糖が含まれていて頭を活性化させることにもなるそうで

す。わが家の定番は「明治ミルクチョコレート」。いろいろなチョコレートがある中、定番中の定番のこの板チョコが口どけよくおいしいと思い、20枚ぐらいまとめ買いしてストックしておきました。

その他、シュークリームやケーキなどを用意して勉強の友にしていました。

Q3

第1志望に落ちたらどうすればいいのでしょうか。

小6男子の母親です。希望の中学がありますが手が届かない状態です。不合格だった場合、公立中学に行くか第2、第3志望の中学に行くかで悩んでいますが、どう考えたらいいでしょう。

A3

何が最良かは中学、家庭によって違うので、お答えするのは難しいのですが、大事なのは出願前によく子どもと話し合って決めておくことです。決めていなくて、受験後に親子でケンカになったなどという話も聞きます。

第2、第3志望の私立中学校に気持ちが進まないまま入学したものの、結果的に楽しく通えて充実した学校生活が送れたという場合もあります。

また、入学した公立中学が合っていていい成績が取れ、希望の高校や大学に行ける場合もあり、それは行ってみないとわかりません。

いずれの場合も、受験が終わればノーサイド。また新しいスタートラインに立ってがんばるのがいいと思います。

あらゆる場合を想定して、お子さんと納得いく方針を決めておいて下さい。

Q4

母が仕事をしている場合のサポートはどうしたらいいでしょう。

小3男子の母親です。中学受験に興味はありますが、私がフルタイムで働いていて、なかなか勉強を見てあげられないので無理かなと思います。どう考えたらいいでしょう。

A4

私は専業主婦なので本書で述べたようにしましたが、仕事を持っていてもお子さんのサポートは充分できます。

ママ友の1人のお話ですが、彼女はフルタイムで仕事をしているので、なかなかお子さんの勉強を見てあげられませんでした。お子さんは1人で塾に行き、帰ってきて1人で勉強していました。

何をしたらいいか考えた彼女は3つのことをしました。それは、毎晩子どもが寝た後で使った鉛筆を削り、各教科のノートに挟んである下敷きを新しいページに移動させておくこと、そして冷蔵庫にいつもおやつを用意しておくことでした。

子どもはお母さんが用意したおやつを食べて塾に行き、帰宅して1人で勉強を始めようとすると、鉛筆が削ってあり、勉強を始めるとノートの新しいページの下に下敷きが入っています。お母さんが見守っていることを感じながら勉強に励み、第1志望の中学に合格しました。

この話を思い出すたびに私はお母さんの愛を思い、うるうるしてしまいます。忙しくてもなんらかの形でできることがあり、子どもを励ますことができます。

Q5

夫婦で子どもの進路について食い違っています。

小4女子の母親です。子どもを進ませたい道が夫婦で微妙に違います。母である私は大学付属の中学に入れたいのですが、夫は公立中学がいいといいます。

どうしたらいいでしょう。

A5

両親で話し合って一致させるしかありません。

子どもの学校選択は両親の育った家庭環境、場合によっては両祖父母の意見が反映される場合があり、意外に深い問題を秘めています。親の意見を一致させた上で子どもの意見も合わせて考えるのがいいでしょう。

人は進路を2つ選ぶことはできません。熟慮の末だとしても、偶然だとしても、行った先で力を尽くせば本人にとっていい道を選んだことになります。

Q6

夕方まで遊んでいる子の学習習慣をどうつければいいですか？

小3男子の母親です。子どもは学校の勉強だけで塾に行っておらず、学校から帰るとランドセルを放り出して遊びに行く毎日です。こんな生活の子でも4年生から塾に行って受験ができるでしょうか。

A6

この本では学習習慣をつけるのは早い方がいいと述べましたが、学習習慣は何歳からでもつけることができます。

今、思い切り遊んでいるならこのまま遊ばせたらいいと思います。受験を考えているならそのことを子どもに話しておきましょう。親はこう考えているので受験を考えている、4年生から塾に行くがどうかなど、きちんと説明するのです。

お子さんも今まで思い切り遊んでいたのに「明日から塾だ」と言われたらとまどうだけです。進路に関してのお子さんの考えも聞きましょう。塾に行ってみて、どうしてもついていけないなどでやめる時はまた話し合って判断すればいいことです。

Q7

中学受験が経済的に負担です。

小3男子の母親です。中学受験は経済的にもたいへんと聞いています。わが家はサラリーマンですのでそれほど教育費を出せません。どう考えたらいいでしょう。

A8

それぞれの家庭の事情なので、「多少の無理をしても受験させた方がいいか」

「無理しない方がいいか」はハッキリお答えできませんが、私の考えを述べますと、受験は確かに経済的な負担が大きいものです。わが家も塾が重なった時期はたいへんだったので、私は、たとえとして適切かどうかわかりませんが、まるでドラキュラのように夫の生き血を吸っているような気がして申しわけないと思った時もありました。

そんな状態でしたが、子どもたちが、よりよい形で自立できるようにしたことは間違いではなかったと思いますし、なにより子どもたちが育っていくのを見ることは楽しいことでした。

公立中学↓県立高校というルートでも、日本の全部の大学を狙えますので、親も子も納得して腹をくくり、前に進むことです。

おわりに

一番下の長女が生まれたばかりの頃の私の外出スタイルはたいへんなものでした。長女をベビーカーに寝かせて右手で操作して、左手で三男をだっこ。ベビーカーの左右のバーを長男と次男が持ってぞろぞろと歩きます。この姿を見て「がんばってね」と声をかけてくださる方が何人もいて、子育てでくたくたになっている私の励みになりました。

あれから20年近くたちました。中学受験を終えた子どもたちは、中学高校と部活動や文化祭など学校行事に力を注ぎ青春を楽しみました。

上の男の子3人は大学入学後、東京で共同生活をしながら勉強し、それぞれサッカーや野球、アメリカンフットボールの同好会に入るなどして生活を楽しんでいるようです。

子どもは親の時間を食べて成長すると言われています。私は親が子どもを見てあげられるのは18歳までと考え、その間は惜しみなく愛情と手間を注ぎ込もうと思ってやってきました。語学もお稽古事も一生懸命すれば自分の身につきますが、子育てだけは直接は自分に返ってきません。でも、一生懸命やったら子育ては楽しいものになり、母親の人生そのものを確かなものにすると思います。

子どもたちはこれからそれぞれで自分の進む道を見つけるでしょう。子どもたちが選んだ進路に、「いいんじゃない」と言ってあげることが私の子育ての最後の仕事だと思っています。

本を出したことで批判もされましたし、「子どもに干渉しすぎると自立を阻む」、「自分の自己実現のために子どもを利用している」とも言われました。

そんな中、４人の子どもたちが心配してフォローしてくれました。また夫は取材が来ると、「ママは人気者だねぇ」と感心し、批判されても「ママは信念を持って25年間子育てをしてきたんだから、これからも言いたいことはどんどん言ったらいいよ」と鷹揚に構えてくれていて、折々に励まされました。この本を著すことができたことを、家族のみんなに感謝しています。

最後になりますが、ＫＡＤＯＫＡＷＡの担当編集の乗田幸一さん、そして構成ではライターの今津朋子さんに大変お世話になりました。

佐藤　亮子

〔著者紹介〕

佐藤　亮子（さとう　りょうこ）

大分県出身。津田塾大学卒業。大分県の私立高校で２年間英語教師として勤務。結婚後、奈良県に移住し長男、次男、三男、長女の順で４人を出産。長男、次男、三男が揃って難関私立の灘中学校・灘高等学校（神戸市）に入学。３人の子どもたちは体育系クラブや文化祭で活躍、中高生活を謳歌しつつ勉強にも打ち込み、東京大学理科Ⅲ類（医学部）に進学。３兄弟揃っての東大理Ⅲ進学は珍しく、母の育児法・勉強法が注目される。現在は長女の大学受験をサポートしながら進学塾などで講演。テレビ、雑誌などメディアでも発言している。著書に『受験は母親が９割　灘→東大理Ⅲに３兄弟が合格！』（朝日新聞出版）、『「灘→東大理Ⅲ」の３兄弟を育てた母の秀才の育て方』（KADOKAWA）がある。

「灘→東大理Ⅲ」

３兄弟の母が教える中学受験勉強法　（検印省略）

2016年３月１日　第１刷発行

著　者　佐藤　亮子（さとう　りょうこ）

発行者　川金　正法

発　行　株式会社KADOKAWA

〒102-8177　東京都千代田区富士見2-13-3

0570-002-301（カスタマーサポート・ナビダイヤル）

受付時間　9:00〜17:00（土日 祝日 年末年始を除く）

http://www.kadokawa.co.jp/

落丁・乱丁本はご面倒でも、下記KADOKAWA読者係にお送りください。

送料は小社負担でお取り替えいたします。

古書店で購入したものについては、お取り替えできません。

電話049-259-1100（9：00〜17：00／土日、祝日、年末年始を除く）

〒354-0041　埼玉県入間郡三芳町藤久保550-1

DTP／キャップス　印刷／加藤文明社　製本／三森製本所

ISBN978-4-04-601473-3　C0095